U0031754

幸運的人做情緒的主人，不幸的人做情緒的奴隸

讓自己
不再焦慮

理情行為治療之父亞伯·艾里斯經典之作，
影響力超越佛洛伊德的心理學家

HOW TO CONTROL YOUR ANXIETY
BEFORE IT CONTROLS YOU

亞伯·艾里斯 *Albert Ellis*

李祐寧——譯

獻給

珍娜・沃夫（Janet L. Wolfe）

超越三十載的人生好伴侶

Contents

走出焦慮，
成為自己的治療師

　　如果你在讀這本書，那麼很有可能是你本人或你所關心之人，正在經歷焦慮。焦慮是人在生命各階段中，最容易碰到的困擾。好消息是，亞伯·艾里斯博士於1955年創立了理情行為治療（Rational Emotive Behavior Therapy，REBT），亦即最初的認知行為治療（Cognitive Behavior Therapy，CBT），且在解決因焦慮而引起的問題上，證實深具效果。

　　這本書就許多層面而言，都像是亞伯自身的特別注腳。如同他在本書、以及他一路走來所提出的諸多自助素材所提及的，他本人也深受焦慮折磨。但他運用行為主義的原則，克服了公開演講焦慮，以及社交焦慮（尤其在面對女性

時）。亞伯的每一本書都秉持著熱誠與使命完成。即便如此，我認為這本書尤其貼近亞伯的內心，因為他自身也經歷過焦慮，並找到方法去克服。而亞伯親自運用書中所提到的原則與策略，克服自身焦慮的經驗，就是本書最完美的見證。

亞伯最大的目標之一，就是確保自己的個案與大眾能學會這些工具，成為自己的治療師。閱讀本書及他所撰寫的許多自助型書籍，如《控制憤怒》（*How to Control Your Anger Before It Controls You*）、《如何頑強地拒絕讓自己因為任何事而不幸》（*How To Stubbornly Refuse to Make Yourself Miserable About Anything-Yes, Anything!*）及《我的情緒為何總被他人左右》（*How to Keep People from Pushing Your Buttons*），自然能幫助我們成為自己的治療師。

我有幸在艾里斯學院進行博士前全職實習（pre-doctoral intern），更幸運地獲得艾里斯博士的指導。在接受訓練後，我於該機構擔任全職員工，並與亞伯飛到世界各地，進行專業培訓與公開演說。他用一生，去幫助陷入情緒與行為問題的人。他治療過成千上萬名有焦慮困擾的案主，許多人的故事也成為本書的個案範例。與亞伯一起領導治療團體，讓我能在第一線觀察到，他如何運用書中推薦的策略，讓案主變得愈來愈好！

亞伯清楚界定**感覺變好**（feeling better）與**開始變好**（getting better）的差別。畢竟，和心理治療師、朋友或家人傾訴自己的焦慮後，或許會「感覺變好」。但運用工具與策略來克服焦慮，並發展出一套不同以往的處事態度，則能「開始變好」。

倘若你或你身邊所關心之人，正受焦慮所折磨，本書將帶領讀者一同了解理論內容、釐清是什麼原因導致問題出現，並提供讀者能解決問題的有效策略。讀者會發現本書格外有用，因其從認知、情緒及行為三大面向著手，傳授控制焦慮的策略。在本書豐富多元的建議中，你絕對能找到適用於自身的案例。此外，本書也會告訴讀者，如何幽默看待自身的焦慮，但又不會覺得它輕忽了焦慮可能帶來的痛苦。

在某一趟我載著他前往下一個活動會場的國內公路之旅上，我問亞伯當他不在了以後，他有沒有什麼希望。他毫不遲疑地回答我，他希望艾里斯學院及REBT能延續下去。而原文書以新版再次發行並推出電子書，正是亞伯所希望看見的。我深信，他見到自己的付出能繼續服務全世界的人們，一定會感到驕傲。

克莉絲汀·道爾（Kristene A. Doyle），科學博士
艾里斯學院負責人

Chapter 1
那一年，
我決定掙脫焦慮

我只是想要成為沒那麼焦慮、活得更快樂的人。
而在很短的時間內，我做到了。

19歲以前的我，一直是極端焦慮的人。事實上，我認為自己或許天生就有焦慮傾向。我母親就是這樣的人：大體來說，她相當快樂，但她在某些小事，例如金錢上，總容易陷入焦慮。然而，在我的童年與青少年時期，她從來不缺錢。過去，我父親既是創業家，也是出色的銷售員，他的資產更超過100萬美元。這筆錢在1920年代，可是相當驚人的數字。但她總擔心著開銷，要是父親在餐廳留了50美元的小費給服務生，她會偷偷將錢收起來，改給少少的小費。她將自己的錢存在獨立的帳戶中，裡面有好幾千美元。但她經常擔心著錢不夠。

　　在我父親為了賺進人生中第二個100萬美元、而在股市中輸掉第一個100萬美元時，家中經濟仍不虞匱乏。但母親依然為錢（還有其他算微不足道的事情）焦慮著，並不斷、不斷地存錢。她這麼做倒也沒錯。1929年，我父親輸掉了第二個100萬美元，開始無法像過去那樣給她生活費。但我們一家人在經濟大蕭條時期，過得還算可以。因為哥哥、姊姊和我開始工作了，能金援家裡。儘管如此，母親依舊不斷焦慮著，直到她93歲離世，留下了所有積蓄。

　　你或許會認為，我的焦慮是從她身上學來的，但事實並非如此。比我小十九個月的弟弟，也是在同樣的環境下長大，卻是個無可救藥的無憂無慮者。他熱愛冒險，總喜歡做

各種「危險」的事，也不太擔心後果。如果一切進展順利，很好。但就算結果很糟，他也不會心煩意亂。相反的，他只會展開新的冒險，無論社交或生意上都是如此。事實上，正因為他很少擔心東擔心西，所以取得了不錯的成就。

但我就不同了！我害怕所有的未知。我顯然是害羞、個性順從且優柔寡斷的孩子和青少年。我幾乎不曾冒過險，就算真的冒險了，我也會擔心不已。我尤其害怕公開演講，而且是打從心底恐懼。然而，我很聰明也很有天賦，所以時常會有人要我發言，像是在課堂上發表意見、班級表演，或老師認為我一定知道答案，而叫我起來回答問題。但多數時候，我會自願讓賢，尤其會避開公開演講。

讓我舉一個典型的例子。我拼寫很強，經常是班上最強的那個，但我總是想方設法躲掉拼字比賽，因為我怕出錯，讓自己看上去像個「大傻瓜」（儘管我從沒出錯）。但如果老師強迫我去參加，我總能比其他小孩拼出更多的字，成為贏家。然而，參賽過程讓我無比焦慮，我一點都不享受參加拼字比賽。我只享受獲勝，但快樂也只是曇花一現。

另一個例子：有時候，我們必須背下一首短詩，並在隔天於全班面前背誦。儘管我記憶力絕佳，我還是很害怕會背得結結巴巴。公開朗誦詩對我而言，是非常可怕的事。因此，在那個必須於全班面前背詩的早晨，我會說自己頭痛欲

裂，並將體溫計放在暖氣旁邊，假裝自己發燒了。這樣母親就會讓我整天待在家裡，不用去上學。難道要讓老師及同學看到我背錯，並發現我有多焦慮嗎？絕對不可能！

有一次，在我差不多11歲時，我在主日學贏得了一面獎牌，因此必須在大家集合的時候上台領獎，並在領取獎牌時，稍稍對校長表示感謝。我走上講台，拿到獎牌，也對校長表達謝意。但我再次坐下時，我的朋友問我：「你為什麼哭了？」因為要公開現身實在讓我太焦慮了，焦慮到我的眼睛逐漸積滿淚水，導致我看上去像在哭一樣。

我同時也有極端的社交焦慮。我害怕必須認識新朋友，跟當權者交談也會感到不安，尤其很怕和陌生異性見面。我在5歲半瘋狂愛上附近一個超可愛的女生後，我就對異性出現極大的興趣。就算她從我生活中消失了，我還是一直熱切地墜入愛河，幾乎每年都會愛上班上最受歡迎的女孩。而且是火熱地愛戀，一種真正的強迫性依附。但無論我多麼欣賞那些女孩，經常花數小時想著如何跟她們拉近關係（說真的，幾乎是一直在想），我卻從來沒有跟她們說過話，或做出能拉近彼此關係的事。我很靦腆、膽怯，離她們遠遠的，緊閉自己的大嘴巴，只敢用熱切的眼光追逐她們的身影，完全不敢說一個字。一想到接近她們、釋出善意後，她們就會看到我的失誤，然後順理成章地拒絕我，這讓我怕得要死，

並感覺自己無比渺小。雖然我沒有看到自己實際被拒絕、崩潰倒地的樣子，但已經夠逼真了！

甚至一直到我的青春期、19歲的時候，我也沒有接近過喜歡的女性。每年大約有200天，我會去家裡附近的布朗克斯植物園（Bronx Botanical Garden），坐在長椅或草地上讀書，用眼睛搜索有魅力的女性，和她們調情。不過我從來沒有靠近她們，也沒有跟她們說過一句話。一般來說，我會坐在布朗克斯河公園路（Bronx River Parkway）附近的石頭長凳上，接著會有別的女孩或女人，坐在離我約莫3公尺遠的長凳上。我會立刻看對方一眼（在我這個年紀，我對所有女人都感興趣。沒錯，每一個女性都不會錯過），有些時候，對方也會回看我一眼。接著，我會一直偷看對方，明顯在跟她傳情。多數時候，她也會看回來。有些人看上去確實對我感興趣，要是我真的走過去攀談，她們很可能願意接受。

但我做不到！我總是躲起來，並給自己找了無數個理由，像是對方太高或太矮、太老或太年輕、太聰明或太笨。我有各式各樣的藉口和辯解。因此，無論對方在我眼中多具魅力，甚至看上去可能願意接受我，我仍未跟任何女生說過話。接著，等到我熱情注視的對象終於起身走掉、或我本人不得不離開時，我會咒罵自己居然蠢到沒有靠近對方，不願

意冒個險，並因為臨場退縮，狠狠責備自己。然後下定決心，下次遇到適合的對象時，一定要試著努力接近。但我從來沒成功。

克服恐懼初體驗，結果成功了！

19歲時，我決定克服焦慮。首先，我決定先搞定對公開演講的恐懼。那時，我正積極投入一個自由派的政治團體，我還是裡面的青年領袖。這只是小小的組織，且幾乎所有年輕成員都是我的朋友，因此同時對他們8個人或10個人說話，對我來說不算太大的問題。我並不認為這是公開演講。另一方面，我的職責應該是要和其他組織交流，跟對方介紹這個社團，並試著讓對方加入我們。身為青年領袖，我應該要成為組織的公共宣傳者。但我實在怕到無法承擔這個角色，因此拒絕了許多邀請。這些邀請主要來自於我們組織的成年部「新美國」（New America），轄下為「青年美國」（Young America）。如同以往，我又臨陣脫逃。

要我為「青年美國」公開演講的壓力依舊持續著，最後我決定放手一搏，打算克服公開演講恐懼症。之前，我讀過非常多哲學與心理學的書，而我的志向是（因為我的焦慮問題），總有一天，我也要寫一本關於人類幸福的心理學書

籍。受到當年（1932年）那些著作的啟發，我也對如何克服焦慮與恐懼症，有了個人見解。我閱讀了偉大哲學家，如孔子和釋迦牟尼等人，對於克服焦慮的想法。我還特別注意到古希臘與羅馬哲學家，如伊比鳩魯（Epicurus）、愛比克泰德（Epictetus）和奧里略（Marcus Aurelius），也提到了相關內容。由於當時的我非常熱愛哲學，我也讀了許多當代哲學家，如梭羅、愛默生和伯特蘭‧羅素（Bertrand Russell）等人，對處理焦慮的看法。最後，我也讀了當時可謂最現代的哲學家，如佛洛伊德、榮格和阿德勒的思想，他們同時致力於治癒人們的焦慮。因此，無論是哲學或心理學，我都有了萬全的準備。

我同時也讀到了著名行為主義學家約翰‧華生（John B. Watson）的著作。他早期的實驗，旨在治癒兒童的過度恐懼與焦慮。華生和助理以7、8歲，且對動物有嚴重恐懼（如老鼠或兔子）的小孩為對象，並實際讓孩子去面對其最畏懼的事物，一開始先放在遠處，接著再縮短距離。與此同時，華生會和孩子聊天，分散他們的注意力，再一步步將他們害怕的動物慢慢移近。你知道嗎！在經過二十分鐘的接觸後，孩子不害怕了，甚至開始和動物玩。這種「實境去敏感化」（in vivo desensitization）的「去制約」（deconditioning）過程，效果相當好。而在經歷了一、兩次的療程後，他能訓練

孩子克服極端的焦慮與恐懼症。

「很好！」我對自己說，「假如這對年紀幼小的孩子來說如此有效，那在我身上也絕對有效。我來試試看。」

因此，幾乎是破天荒，我決定反其道而行，不再逃避公開演講。每個禮拜，我會代表「青年美國」、至少安排一場公開演講，並確保無論發生什麼情況，我都一定赴約。我依舊怕得要死，頭幾場演說尤其讓我不舒服。但基於閱讀所學與我對自己的了解，我知道這種不適不會要了我的命。我同時也理性分析自己怕得要死的幻想（像是觀眾取笑或噓我的演講），實際發生的機率非常低。頂多我的演講不太精彩，或無法說服觀眾「青年美國」真的是自美國脫離英國後、最棒的政治團體，最慘的是只有幾個人願意加入。這樣確實很糟，但天也不會塌下來。

換句話說，靠著理性對自己喊話（主要是從哲學家身上學來的），以及暴露在最恐懼、最不舒服的事物面前，並強迫自己在接下來的10個禮拜內，不間斷地發表公開演講，這個方法是有效的！一開始，我覺得非常不舒服，但接著，沒那麼不適了，再接著（令人吃驚的！）我感到自在。我的心悸、爆汗和結巴的情況愈來愈少。我學會將注意力放在演講內容上（即「青年美國」是多麼美好的政治團體），而不是想著自己講得如何，以及我對演講這件事有多焦慮。我更

驚訝地發現，自己也能成為流利的演說家。即便是公開演講，也能像平常對著一個人或一群朋友說話那樣。事實上，我並不是差勁的演講者。問題出在焦慮，它讓我非常害怕**公開**演講。我的音調和語言組織的能力一直都沒問題。而現在，經過訓練後，這些技巧甚至變得愈來愈純熟。

我強迫自己（沒錯，就是強迫自己），無論有多麼不舒服都必須進行公開演講，直到我不再那麼不舒服，甚至開始享受。而這次的經驗，對我產生極大的影響。這是其中一個原因，讓我決定在9年之後，成為心理治療師。在進行第一場演說時，我並沒有成為治療師的念頭，而是一心想成為作家，或許寫的是人類幸福。我之所以如此著迷於成為作家，可能是因為這個工作不需要公開演講。無論如何，我並沒有興趣成為治療師，只是想要成為沒那麼焦慮、活得更快樂的人。而在很短的時間內，我做到了。從此，公開演講不會再讓我焦慮，我徹底擺脫恐懼。此外，親自克服對公開演講的焦慮，也讓我對其他事情不再那麼焦慮了。

我總想要實現目標。比方說，無論是在學校、運動場、外貌或任何重要的嘗試上，我都想成功。我賣力爭取成功，也很擅長做這些事。我尤其認真念書，努力寫作業，在學校也過得如魚得水。但當然，這些行為使我無比焦慮。因為我必須成功，才能成為有價值的人。不過總有那麼一絲機率，

我會失敗。太可怕了！那太可怕了。

　　然而，在發現即使處在公共場合可能會不舒服、有時候還演講得不太好，但我也不會貶低自己後，我對「成就」沒有那麼焦慮了。我仍然**想要**成功，但我並不是真的**需要**成功。

遭到 100 名女性拒絕後，徹底擺脫社交恐懼

　　儘管如此，為了測試自己，我決定進行人生中第二項重大實驗：試著擺脫社交焦慮，尤其是害怕被喜歡的異性拒絕的恐懼。這個焦慮已經困擾了我一輩子，且遠比公開演講的恐懼更為重大。記住，我當時的目標是成為作家，因此我可以避掉大多數的公開演說。但倘若我還想對女性保持興趣（我確實也很想要繼續保持），那麼不能接近、也不敢跟有好感的異性說話，肯定會讓我綁手綁腳！我只能靠著朋友或親戚的介紹，來認識新的異性，而不是靠自己去認識她們。這樣太可惜了！

　　因此，在想到自己在公開演講方面的成功後，我決定以同樣的方法來處理社交焦慮。8 月，在我準備回大學完成大四的學分之前，我給自己指派一項了不起的任務：每天都去布朗克斯植物園報到。我會向不認識的女性搭話，無論這個

行為讓我多麼不自在。我對自己說，我會在公園裡走動，直到我發現合適的女性獨自坐在長椅上。接著，我會迅速、立刻在她身邊坐下。不，我當然不會坐在她腿上，我是說坐到她的身邊，坐在同一張長椅上，而不是躲到隔壁的長椅上。坐下後（我非常害怕這樣做，因為我很怕對方會拒絕我，並趕快起身走開），我就會做以前一直迴避、覺得危機重重的事：我會給自己一分鐘（絕不超過那漫長的一分鐘），和對方說話。沒錯，倘若我會因此暴斃，那就暴斃吧！不管我有多麼窘迫，也無論對方臉色看起來多麼不妙，我會在這一分鐘內跟她交談。這是我給自己最了不起的任務。為什麼說了不起？因為我知道，要是能立刻跟對方說話，而不是一拖再拖，我會比較不焦慮，也更有機會完成這件事，而且和對方發展的可能性也更大。

沒錯，我完成了自己指派給自己的任務。無論我有多麼焦慮，只要看到有女性獨自坐在公園的長椅上，我就會立刻（不准討價還價！）在同一張長椅上坐下。我不准自己因為對方的外觀、年紀、身高等各種原因找藉口。沒有藉口！我逼迫自己，在極端不舒服的情況下，在對方的身邊坐下。然而，有時我一坐下，許多女性就迅速起身走掉了。總而言之，我想整個8月，我應該試圖接近了130名女性，並在她們身邊坐下。有30名、或三分之一的人，會立刻走掉。多

讓人沮喪呀！但也意味著有100名女性願意留下來，這對我的研究大有幫助！

我完全不氣餒，按照計畫對著其餘的100名女性說話。為了展開對話，我會聊花、樹、天氣、小鳥、蜜蜂，或對方正在讀的書及報紙等任何話題。當中沒什麼了不起或特別的內容，也很少私人話題。當然，也不會提及對方的外貌，或任何讓對方感到害怕、因此轉身或離開的話。只是100句極其尋常的句子。

這100名女性也確實給我回應，有的很簡短，有的卻長達一小時。很多人迅速和我熱切地聊起來。在她們釋出善意後，我就會問問對方的工作、家庭、生活方式、喜好、興趣等等。基本上都是尋常的對話，要是雙方是透過正式介紹見面，也會聊的話題。

雖然從我的對話初衷來看，像是提出約會邀約、固定碰面、發生關係，甚至和其中一人結婚，我一點進展也沒有。在這100名說上話的女性中，我只成功約到一個人，但對方最後放我鴿子！她和我聊了兩個小時，並在離開時給我禮貌的親吻，也同意晚一點和我在公園碰面，然後去約會。但她再也沒有出現。愚蠢的我，居然忘了要她的電話，因此我再也沒有遇見她。多麼悲劇！多麼讓人氣餒！但我還是活下來了。不過自此之後，每次見面和約會，我總不忘向她們要電

話號碼！

在遭到100名女性拒絕的那一個月，我徹底擺脫了社交焦慮，尤其是與陌生女性在不熟的地方碰面的恐懼。因為我認知到，遭到拒絕之後，也不會有恐怖的事情發生。和我交談的女性中，沒有人掏出小刀闖了我，也沒有人作嘔逃開，更沒有人叫警察。那些總在我幻想中不斷出現的恐怖場景，從未發生。相反的，我和那些女性有許多愉快的對話，度過快樂的時光，也學到很多過去不了解的女性觀點，並逐漸擺脫和她們對話所帶來的不適和恐懼，甚至還發生不少好事。最棒的是，我幾乎立刻克服了接近女性的恐懼感，並讓我在接下來的人生中，無論是在公園、火車或機場等公眾場合，有機會實際與數百名女性交談，試著與對方約會。我已經不再恐懼這樣的行為，儘管絕大多數女性會在上床、談戀愛或結婚方面拒絕我，但內心的恐懼已經徹底離我而去。不入虎穴，焉得虎子！害怕在女性面前出醜、然後被拒絕的恐懼消失了！

成為世界上最不容易恐慌的人

現在，你明白我為什麼如此肯定，人們能在被焦慮吞噬前，控制住自己的焦慮。因為，在沒有任何人（包括心理治

療師）的幫助下，我控制了公開演講焦慮和社交焦慮。我透過自身經驗，學習到如何控制焦慮，並在過去54年，以心理治療師的身分，幫助成千上萬名的案主解決問題。此外，我也從克服焦慮的經驗中，創造出一套治療理論，實踐多年。要不是因為自己有焦慮困擾，或許也不會有REBT的誕生。想到自己從本來動不動就緊張，變成即便處境艱難、也很少慌張或焦慮的人，激勵著我運用自己的治療理論和實務，去幫助大家。

最重要的是，我靠著自己克服了過度焦慮。當然，我確實從許多哲學家與治療師的作品中，學到很多。我也借鏡了華生的實驗（儘管他本人並不是治療師，但他執行了數個治療實驗）。有了前人的幫助，加上強迫自己硬著頭皮去面對（讓自己極端不舒服，並告訴自己所有的焦慮與恐懼都是徒勞），我想我可以很實在地說，我是全世界其中一個最不容易恐慌的人。回想65年前、也就是我19歲之後的人生，曾經發生過許多遺憾的事。我仍會在意自己的表現，想要完成某些事，贏得特定人士的肯定，並過著舒適的人生。但我告訴自己，頂多用擔心、難過或失望，來面對（可能發生的）壞事。而且，我也確實未曾以焦慮、沮喪或憤怒的情緒來應對。

換而言之，我從一個堪稱全世界最容易受影響且煩躁的

人，變成了幾乎很少感到心煩意亂的人。如同我其中一本暢銷書的標題所指出的，我頑強地不讓自己因為任何事而變得悲慘。沒錯，任何事。

但我還是要再次強調，這是靠一己之力做到的。我沒有接受諮商或治療，也沒有加入治療團體，更沒有親朋好友推我一把、或強迫我這麼做。在克服焦慮上，我取得了驚人的進展，並一直保持著淡定的狀態。

與此同時，我也成為了忙碌的治療師，案主數量或許是全美最多的。我開創了最受歡迎且廣泛傳授的心理治療形式，且也經研究證實相當有效。就各方面來看，REBT強調了其他心理治療體系也認定有效的方法，亦即改變人們自我封閉的念頭，引導大家去做自己害怕的事。

而最棒的一點，就是REBT（我於1955年所創）與CBT（1960年代在REBT後，出現的相似治療模式），或許是最有效的自我幫助療法。市面上，有成千上萬本書籍和素材運用到REBT、或近似的方法，指導讀者與觀眾克服內心嚴重的抑鬱、焦慮、憤怒、自我貶低和自憐。因為這種自助式療法通俗易懂，幾乎所有人都能理解。只要有決心，任何一位願意面對痛苦、處理自身困擾的人，都能使用REBT。而且它確實有效！

因此，就我個人與成千上萬名使用過REBT與CBT主要

治療方式的大眾經驗來看，我能肯定你——本書的讀者，絕對能在焦慮掌控你之前，控制焦慮。當然，這並不保證只要使用REBT或CBT，就能徹底根除焦慮。但只要你努力嘗試，就有極高機率可以成功。我自己就在沒有接受太多幫助的情況下，親自做到了。如今，REBT還有累計超過50年的研究與實際應用，因此更有成效。如果你仔細閱讀後面的章節，就有辦法訓練自己做到。

面對不同情況和事件，你是否容易感到焦慮？是的，幾乎所有人都是這樣。但你能換個角度去思考和行動，最小化自己的焦慮嗎？答案是可以，幾乎所有人都做得到。你願意用我套用過的方法與思想，將心中的焦慮（無論起因為何）最小化嗎？試試REBT和CBT，親自看看效果吧！

Chapter 2
焦慮如何控制我們？

許多恐懼是不實際或不理性的。

你卻緊抓著百萬分之一的微小機率，想著事情極有可能發生。

無論你是否相信，焦慮是好事，能讓我們活著並過著舒適的生活，更讓人類這個物種得以存活。如同身邊的每一個「普通人」，我們生來就有欲望、喜好和目標。倘若心中沒有任何一絲焦慮，也不在乎願望能否實現，你就會接受任何令人不悅的事物，像是缺乏成就感、不受他人肯定、危險的行為、遭人攻擊甚至殺害，而你也不會做任何事來阻止、更不會逃離這一切。焦慮，本質上就是一連串讓人不舒服的感受與行為傾向，能讓你警覺到令人不悅（即違背你意願）的事情正在發生、或可能發生，警告你最好採取行動。因此，倘若你面臨遭受攻擊的危險，但希望自己不要受傷，那就可以採取行動，像是逃跑、對攻擊者進行反擊、向潛在的保護者尋求幫忙、報警、用言語嚇阻攻擊者等。然而，要是你不會感到不安、警惕、焦慮、緊張、謹慎、警戒或恐慌，那你或許什麼都不會做。你可能知道被攻擊的危險性，卻什麼都不做。

　　同樣的，要是你覺得可能丟了工作，卻又非常想保住飯碗，應該會開始擔心或焦慮自己工作不保，並採取行動。比方說：跟上司溝通、更努力地完成工作、開始找工作、找人幫你說情、計畫成為自雇者、返校進修或培訓等。

　　因此，焦慮源自於，我們發現可能得不到渴望的事物，或不希望發生的事情卻有機會發生。假設你真的沒有任何喜

好、欲望或渴望，不管碰到什麼事情，你都不會在意，也不會感到焦慮。但這麼一來，你恐怕也活得不長。因為生存這件事，極大程度上取決於人多想活著，以及多希望避開那些足以危及性命的痛苦、不安、問題與困境。為了活著，我們必須維持某些機能，尤其是呼吸和進食，至少還要感到些許舒適。倘若你過得非常痛苦，像是一直處於苦難中或長期被剝奪一切樂趣，那麼你或許會失去活下去的動力，甚至寧願死。

事實上，幾乎所有人都是目標導向。人們希望能活著，並過得快樂且遠離痛苦。或許有少數例外，但這種人極為罕見！而且這些例外也不長壽。正因為人們對於生存的不安和擔憂，還有對盡量遠離痛苦與困境的在乎，讓人們得以好端端地活著。就連還無法自立的小孩子，也會努力地活著、享受人生和遠離痛苦。而正是焦慮促使他們這麼做。

不幸的是，焦慮的程度與種類很多，某些焦慮有害、具備自我破壞性（self-sabotaging）。好的焦慮，亦稱為顧慮、警覺或謹慎，能幫助我們獲得更多渴望的事物，並遠離不想要的。後者尤其重要！因為我們想避開的事物，多半會導致自己受傷、甚至死亡。因此，焦慮絕對是很棒的，它能讓我們在過馬路的時候記得看路，開車時維持合理的速度，遠離有毒的食物，避免於夜晚（甚至是白天）行走在不安全的街

區上。

　好的焦慮能維持性命。但正如後文所提，焦慮很常是不健康的，亦即具有破壞性且與你的基本利益相牴觸。就以走路來看。好的焦慮會讓我們謹慎地走，留心交通號誌，留意那些沒有注意號誌的車輛，並快快地走，而不是以蝸牛的速度穿越路口。這樣很棒！

　但如果你對「安全過馬路」感到異常焦慮，導致你心臟瘋狂跳動，四肢顫抖，不停看著四面八方。要是你過分焦慮，會發生什麼事？你恐怕會發瘋似地跑過馬路、在過馬路時絆倒、注意到錯的方向、因為極端的恐懼而拒絕穿越馬路，或做出其他瘋狂舉動，導致意外發生。嚴重的恐慌事實上也是一種焦慮，但它很有害，往往弊大於利。

　對於不存在實質危險而出現的恐慌，也是一樣。倘若你認為自己會丟掉工作，因此陷入恐慌，你恐怕會出於恐慌而做出以下行為：絕望地跟老闆說話、讓對方知道自己陷入恐慌、在沒有搞清楚是否會丟工作的情況下突然辭職、害怕到不敢找其他的工作、找到新工作卻因為同樣的原因陷入恐慌、做出許多無法幫你保住飯碗，或難讓你找到新工作、也無法維持良好表現的傻事。憂慮也許能讓你保住工作，或找到合適的替代工作。但恐慌卻只會毀了現有的工作與後續的工作機會。這可不妙！

「好」焦慮與「壞」焦慮

目前為止我所提到的心理狀態，以及整本書的重點，就是好的焦慮或擔憂是維持性命所必須，且能帶來不錯的成果。但有害的焦慮卻能輕易擊垮你。實際上，好的焦慮或謹慎，能幫助我們控制感受，有效面對各種危險或困境。但有害的焦慮或恐慌，卻恰恰相反。它讓我們失去控制，不當、甚至糟糕地處理風險與問題。好的焦慮是保持謹慎與警惕，因此能避免潛在的傷害。有害的焦慮卻會以恐慌、驚駭、害怕、恐懼、發抖、哽住、麻痺等，各種生理與心理折磨的方式體現。雖然後者能讓人警覺到潛在的危險，卻也經常擾亂我們的危險應變能力。在本書中，我會持續向讀者說明，好的焦慮與有害焦慮的差異，以及其他健康與不健康感受和情緒的差別。

本書提到的心理治療理論和實務技巧為REBT。而此療法與其他療法顯著不同的地方在於，REBT清楚區分，因生活不順遂而出現的健康負面情緒（如悲傷、後悔、挫敗感和煩惱），以及相似情況下出現的不健康負面情緒（如恐慌、抑鬱、狂怒、覺得自己一無是處和自憐）。之後會有更多相關內容。現在，先讓我們先回到你可能存在的焦慮情緒。

好的焦慮或憂慮，幾乎都是源自於真實或理性的恐懼。

因此，倘若你試著徒步穿越一條沒有交通號誌的繁忙高速公路，你當然會害怕自己被車子撞到，有所傷亡。為什麼？因為這件事確實可能發生，而且機率很高。

同樣的，假如你有一份不錯的工作，但你一直遲到、指責上司或主管是差勁的人、分內工作總是只完成一點點，那麼害怕遭降職或解聘，就是相當實際的恐懼。畢竟在這些情況下，這真的會發生！

因此，一旦你發現自己的行為，可能會導致不好、甚至具破壞性的事情發生，或是壞事發生的機率真的很高，那麼感到恐懼就很實際合理。假如你挑釁了充滿敵意的人，那對方自然極有可能做出傷害你的舉動。「小心點！」務實的恐懼讓你知道，倘若做出某些行為，就會招致不好的事發生，並讓你警惕到，假如不希望壞事發生，就最好不要這麼做。

然而，許多恐懼卻是不實際或不理性的。就像你走在人行道上，卻超級害怕車子會衝上人行道並撞倒你。或假設你在工作上表現良好，經常得到上司的稱讚和表揚，卻超級害怕自己會因為遲到一次，或只是在工作上出了小小的錯，就被任意開除。又或者你超級害怕搭電梯，因為你認為自己很可能窒息，或是電梯掉下去把你摔死，或你會被困在樓與樓之間，導致你受困在電梯裡數小時，甚至數天。但這些都屬於不切實際的恐懼，畢竟發生機率極低。但你卻緊抓著百萬

分之一的微小機率，想著事情極有可能發生。

　　不幸的是，就人類的情況來看，人們經常會製造出不理性的恐懼，並為此感到害怕，再以愚蠢的行為來處理問題。那些出現瘋狂恐懼的人，可能會因為人行道過於危險而拒絕走在上面。或者那些人會在工作中陷入恐慌，甚至在上司明明非常欣賞自己的時候突然辭職。又或者，他們情願避開電梯，每天爬20層樓，只因為不敢走進電梯（無論是去上班或回家時）。

　　此外，有害且不切實際的恐懼也經常導致人在沒有危險、或風險極低的環境下，出現巨大的焦慮感受。幾乎所有人都有些許這樣的恐懼，並因為這些恐懼而愚蠢地約束著自己。因此，有些人不敢搭電梯、不敢坐手扶梯、不敢搭火車，即便這麼做不太可能導致任何傷害。或者，他們非常害怕別人的否定，即便這些人並不能主宰他們的人生。或者是，他們怕別人不認同自己，所以不敢表示意見或採取行動。或是，因為被深愛的人拒絕，就擔心世界上所有他們愛上的人，都一定會拒絕他們。或者，認為因為某些原因而丟了工作的自己，未來也保不住飯碗，且永遠不可能找到、也無法穩定做著一份不錯的工作。

　　事實上，這種不理性恐懼非常普遍。比方說，那些在特定領域內無所畏懼的人（像是擅於爭取好工作），卻在其他

領域（如尋找並維持伴侶關係上），極端恐懼。這些非理性恐懼的成因是什麼？稍後，我們會加以探討，並了解該如何擺脫它們的控制。但目前，我是想強調許多人、甚至是所有人，都有不理性恐懼，並被恐懼支配，過著悲慘的生活。有些人甚至因為不理性的恐懼斷送性命。舉例來說，他們在過馬路的時候陷入恐慌，儘管燈號是綠燈，現場也有交通警察在維持秩序。他們還是恐慌了，並在行進的車子面前跌倒。

你「過度」安全了嗎？

那麼，我們該如何分辨不好與好的焦慮、理性與不理性的恐懼？同樣的，確認事實，以及運用機率。一旦忽視已知事實，你就有麻煩了。例如，儘管搭乘電梯的人中，鮮少或幾乎沒有人因為電梯受傷或失去性命，你卻深信電梯非常危險。事實就是事實，假如某件事真的很危險（像是將車速開到160公里），一定會有證據證明它的危險性。

其次，人們常誇大不切實的恐懼，並認為這就是普遍的情況。你可能聽到有人被關在電梯三小時，就誤以為這件事很容易發生在每個人，包括你自己身上。或者，只因為少數人遭到喜歡的人拒絕後，就再也找不到合適的另一半，你就以為只要自己被拒絕，就一定會孤單終老。事實上，你過分

誇大了風險與機率，把少數例子當作了通則。

　　第三，你認為事情非黑即白，不存在灰色地帶。因此，要是失去一份不錯的工作，你會認定這是徹底的壞事，完全是負面、黑暗的事物。即便你還可以領取一陣子的失業補助，還能利用空窗期接受工作培訓，甚至找到更棒的工作。

　　換而言之，不切實的焦慮往往源自於錯誤的誇大思維，而這樣的思考模式在人類身上相當普遍。但如同本章開頭所提到的，這是因為焦慮能保障人們實現欲望，所以我們經常擔心著危險與損失，還會過度憂慮、甚至恐慌。於是，可悲的是，恐慌開始干擾你的行動。你再也無法安全地穿越馬路，也無法有效率地投入工作中，導致那些你所預期的「悲劇」更有可能發生。因為潛在的損失或危險而陷入恐慌的你，開始出現雜亂無章的脫序行為，從而讓壞事真的發生。

　　為什麼會這樣？很可能是為了自保的焦慮，經常變得**過度**保護，從而弄巧成拙。儘管電梯確實有一絲機率會掉下來，或卡在樓層之間數小時。但你卻不願意冒一丁點風險，只是想著事情可能發生的渺茫機率而驚駭不已，餘生都拒絕踏進電梯一步。多麼傻啊！但安全了。確實，過度安全了！

　　這個現象的其中一個原因或許是演化。在數千萬年前，日子還極端危險時，焦慮就深植在我們的腦袋、心裡和行為中。與大象、犀牛相比，皮膚如此單薄的我們是如此容易受

傷和遭殺害。因此，在那些久遠的往日時光裡，我們必須處於極端焦慮的狀態才能活下去。

所以，大自然不只教會我們謹慎與憂慮，同時還有極端焦慮。雖然這或許能讓我們在數世紀之前，免於受更強壯、更卑鄙動物（遑論其他人類）的傷害。但如今，即使我們不需要這麼極端的焦慮才能活下去，可是它恐怕仍存在於我們的身體裡。因此，我們不僅是用謹慎和憂慮，來應對實際的危險，同時也以極端的焦慮和恐慌，來面對想像中的危害或極小的風險。

即便明白這層道理，幾乎每個人都還是會因為理性或非理性的恐懼，出現實際與非實際的焦慮。在面對風險與危機時，我們很自然就會表現出謹慎和擔憂，但也同樣容易陷入過度憂慮和恐慌。而REBT能讓你知道，該如何維持健康的情緒，最小化不健康的情緒。如此一來，你就能控制焦慮，而不是讓焦慮如同過去那般箝制你。

為了協助你檢測自己是否處在焦慮的心境下，我放上了表2-1。這張表格列出了常見的焦慮症狀。不過，陷入焦慮時，或許會出現一個以上的症狀。雖然感到憂慮時，也可能會出現某些症狀，但通常輕微許多。

表2-1：常見的焦慮症狀

呼吸與胸口症狀

呼吸短促

呼吸急促

呼吸淺

喘氣

胸口感到壓迫

喉嚨有異物感

窒息感

結巴

皮膚反應

流汗

搔癢

忽冷忽熱

臉紅

心跳與血壓反應

心跳加速

心悸

暈眩或昏倒

血壓升高

血壓降低

腸道症狀

沒有胃口

噁心

腹部不適和疼痛

嘔吐

肌肉症狀

發抖和震顫

眼皮抽動

坐立不安

驚嚇反應

來回踱步

雙腿顫抖

僵直

失眠

表2-2，則列出某些導致你焦慮的事物或情況。這張表格並非無所不包，你也可能為一般人不會憂慮的事情焦慮著。

表2-2：你可能焦慮的原因

焦慮	恐懼症
社交	社交聚會
公開演講	開放空間
求職	密閉空間
從事工作	高度
運動	火車
教育課程	汽車
創傷事件	電梯
創傷後壓力症候群	動物
健康狀況	橋梁
物質誘發焦慮症（substance-induced anxiety）	隧道
酗酒或嗑藥	
強迫症	
口吃	
感覺到焦慮症狀	
表現出焦慮	
感覺或表現出恐慌	

留心你焦慮時可能出現的症狀，特別是頻繁且強烈焦慮時。接著，注意讓你經常感到焦慮的事物與情況。儘管如此，不要為「自己可能陷入焦慮」而焦慮，從而讓這種焦慮掌控了你。之後，你或許會發現自己為某些事物感到「焦慮」，但其實那是正常且健康的擔憂情緒。

Chapter 3
焦慮又恐慌，
有解嗎？

幸運的是，儘管我們往往無法控制自身的遭遇，
但總是可以掌控自己的反應。

幸運的是，多數嚴重、不健康的焦慮是你一手創造的。更幸運的是，你有消除或緩解的能力。如同我們說過的，人天生有憂慮與焦慮的傾向，為了避免生存危機，最好不要完全抹除這些特質。此外，後天生長的環境，繼續助長了這份焦慮傾向。因為總有許多危險事物，例如疾病、意外、他人的反對、攻擊、虐待、強暴、股市崩盤、戰爭等各式各樣的困境，動輒干擾或妨礙我們的欲望與目標。還有，人生可能遇上各種難題，很容易就影響到個人的需求與快樂，這代表我們必須保持警惕。而焦慮就是人們需要的保護機制。

因此，生而為人，就有兩大因素讓我們易於焦慮（但如同上一章提到的，這是好現象）。第一，生理或遺傳而來的謹慎與小心。第二，生活中充斥各式各樣阻撓、或妨礙我們達成目標的因素，因此引起隱憂。然而，身為人類，生長過程中都享有一定程度的選擇與自由。你可以做出決定，並在不同事情之間進行取捨。儘管可能受限於生理與外在環境，但你仍能為自己作主，並擁有選擇權。

這意味著你可以決定要走這條路，還是反其道而行。一旦有心獲得更多渴望的事物、並減少不想要的事物時，你會揣摩哪條路更適合你走，並在前進的路上發現什麼是「對的」，什麼是「錯的」，亦即哪些能實現你的目標，哪些會妨礙你。但在選擇的時候，我們鮮少能篤定指出，哪條路是

最棒的。一旦我們無法全然預測，自然會出現錯誤。此外，道路本身也可能出現改變。

因此，身為凡人，你總是抱持著些許懷疑。你無法完全知道（即便你認為自己明確知道）什麼是「對的」，什麼又是「錯的」，以及哪些是「好的」，哪些是「不好的」。你必須去實驗、冒險，最終，才能發現「正確」的道路。不過，你通常知道自己的好惡，且明白必須找出「正確的」道路，只是沒有十足的把握和不可動搖的規則，能確保自己實現目標。你自身的存在也是不確定的，充其量只是隨機的產物。你認為自己知道正確的道路，但永遠無法完全肯定。這是因為你擁有一定程度的選擇：決定目標或意圖，以及選擇該如何實現。這也是為什麼，存在主義者談論著「存在性焦慮」（existential anxiety）。選擇會帶來懷疑與不確定。因此，你總感到有些焦慮。這意味著極大程度上對自己選擇的後果感到懷疑、期望自己做出正確或合適的選擇，卻又永遠無法全然肯定哪些適合自己。

幸運的是，焦慮可以消滅

無疑的，焦慮、懷疑和不確定性都是人性的表現。你無法徹底擺脫憂慮，但一旦你明確知道哪些舉動，會導致不健

康的情緒出現，並學會採取不同措施（能引導出好的謹慎思維），你就有辦法消除大多數不健康與危言聳聽的狀態。

如同我們說過的，焦慮源自於生理因素，這包括與生俱來擁有欲望、要做出有望達成目標的選擇，以及冒著目標無法實現的風險，去調整、改變目標。所以，你生來就是選擇者，天生就有焦慮的傾向（而且很強烈）。因此，如同前述，第二個重要的因素出現了：你身處的環境，與周圍的人事物，都可能幫助或阻礙你實現目標。倘若這些人事物是「有益的」，你就會得到更多自己想要的，避開不想要的。如此一來，你的焦慮或沮喪程度也會比較低。相反的，要是這些人事物是「有害的」，那你就得不太到想要的，而是經歷許多不想要的，使你更焦慮與沮喪。

不幸的是，在這兩大會導致焦慮的重要因素面前，我們束手無策。人無法恣意改變生理構造。你是特別的人，擁有各種特質、個性和習性。當然，人不是完全由遺傳所決定，你可以（儘管不容易）改變某些你本來應該「會有」的特質和行為。但程度有限，且非常不容易。我們只能與某些特質（你的本質）共存，並學著適應。它們無法輕易改變！

至於外在環境，像是陪伴你成長的人與生長背景，以及此刻和你住在一起的人，我們能改變的也非常有限。你確實可以在選舉時投下一票，但你無法徹底改變政局。你可以做

不一樣的工作，搬到新街區，找不同類型的伴侶等等，努力改變外在環境。但無法全面改變，而且通常窒礙難行。在極大程度上，你和那些難以改變的人事物困在一起，它們阻礙著你達成目標，給你**不想要**的東西。

因此，假設你因為想要賺更多錢而感到焦慮，但你很難改變自己的基本技能與天賦，像是學習會計的能力，或成為靠畫畫來維生的藝術家。而改變周圍的環境也絕非易事（如會計或藝術領域的工作機會）。你可以或多或少改變這些事物，但效果有限。

幸運的是，你確實能做出一些重大改變，而且會對你未來是陷入瘋狂的憂慮或焦慮之中，還是只是適度的擔心，有重大影響。確實，你可以改變某些事，好獲得有益的焦慮，而不是因為眼前的困境，陷入有害的焦慮中。事實上，正是你的**想法**、**感受**，以及**行為**，主導了你會出現有益、還是有害的焦慮。你或許會誤以為，生理機制決定了你的焦慮。又或者，你可能會誤以為身處的環境，如成長過程、童年處境或當前的環境，造就了你的焦慮。當然，這些確實很重要，也與焦慮相關。但它們並不是最重要的，也不關鍵。第三種因素，你，以及你選擇如何思考、感受及行動，在極大程度上，對於焦慮的產生及其是否有益，有著更重大且顯著的影響。

化解求職焦慮的 ABC

　　如同第一章所提，提出第三因素者為哲學家與思想家。在多數的情況下，人類是最蹩腳的思想家。他們不會仔細思考自己經歷的各種不安，且傾向於將絕大多數的問題，歸咎於自身遭遇。如同我們討論到的，這在一定程度上為真。一旦實現目標的過程受阻，你會責怪受挫之前發生的最後一件事。例如，假設你去參加工作面試，面試官對你很不客氣並拒絕你，你會對自己說，「是面試官讓我沒能獲得這份工作。」然而，事實上，是你想要找一份工作，你選擇可能合適的公司，回答了面試官的問題，但你感覺被拒絕了。因此，問題並不單純只是面試官拒絕了你，更在於你的期望、選擇的公司、在面試中的應答等等。你是這個情勢中**不可或缺**的一環。倘若你真的很想要一份工作，你要找的絕對不僅是「好的」面試官，還必須去找特定的工作、找到有機會面試的公司、爭取面試機會等等，付出各種努力來達到目標。當然，面試官也具有舉足輕重的地位，但你的期望、選擇、行動和其他變項，絕對是更重要的角色。你可能沒有明白，有這麼多的因素在起作用，所以無法找出自己沒能獲得這份工作的原因。

　　而求職被拒絕後，會造成什麼感受，其中牽涉的因素是

複雜、且不容易看清的。

你的目標是獲得工作。在A點（逆境，Adversity）上，你見到了面試官，但遭到拒絕。接著，在C點（結果，Consequence）上，你因為失去工作機會而沮喪，並非常焦慮自己去面試其他同質工作也會失敗。因此，我們有A（逆境），還有C（結果：沮喪和焦慮）。這看起來非常清楚，作為正常人，幾乎所有人都會認為是A導致C：逆境使得你沮喪和焦慮。

然而，正是這種扭曲的思維，讓所有人落入困境。每當發生不愉快的事情，讓人感到沮喪和焦慮（有違背自己意願的事情發生，自然不大可能開心），我們會驟下結論：在焦慮或沮喪等負面情緒C出現前，A事件發生了，因此必然是A導致C。這也確實為真。倘若A沒有發生，或者A包含了某些讓人愉快、而非不愉快的因素（像是成功，而不是失敗），那我們很可能不會陷入焦慮或沮喪。因此，我們會推論出，因為發生不愉快的事情，一定是這種不愉快（不好的），導致我們出現焦慮或沮喪等負面情緒。這不是顯而易見嗎？

不，這其實一點都不正確。而且，在A（逆境）導致C（焦慮或沮喪）的判斷上，我們也錯了。假設，同樣的A事件發生在100個人身上，這100個人都一樣會焦慮或沮喪

嗎？顯然不見得。幾乎所有人，或者說至少有90％到95％的人，會因為A事件（逆境）出現不好的感受。畢竟這有違自己的利益，且他們更情願這件事沒有發生。但在A（逆境）之後出現的C（結果）、即不好的情緒，卻可能百百種。在他們見到面試官並被打槍後，這100名遭拒絕者之中，有人覺得失望，有人憤怒，有人沮喪，有人倍感挫折，也有人會出現其他的情緒。有極高的機率，他們不會陷入完全一樣的情緒中。他們出現許多情緒，儘管絕大多數都是負面的，但這些負面情緒不盡相同。事實上，並非所有人都會很沮喪，甚至有少數人會因為被面試官打回票而開心。後者會發現，其實自己不想要這份工作，或者儘管他們想要這份工作，但這份工作的弊大於利。

非常重要的一點是，壞事發生時（像是沒能得到想要的工作），這些不好的事情或逆境，並非導致你沮喪的直接原因。其中還有一個中間變項：你對A的想法或信念（Beliefs，B），會更直接影響到你的抑鬱情緒。如同你選擇自己想要這份工作（或不想要），並試著在面試中取得成功（或不付出努力），你也選擇了自己對面試失敗的信念。而你所選擇的信念，會使你在遭到拒絕後，產生非常不同的反應。

舉例來看，假設你申請了這份工作，進行面試，盡全力想要拿下卻仍然失敗了。那麼，你或許會從B（信念）出

發：「我盡最大的努力了，但很不幸有更強的競爭者。太可惜了，不過這也不是唯一一份工作。因此，不妨吸取這次的經驗，再試試看其他相似的工作。」

倘若你的思維脈絡（B）很接近於此，那麼你或許會覺得難過、後悔且失望，但不會陷入抑鬱和自我厭惡。然而，假設你參與了面試，盡全力想要通過，卻沒能成功，你可能會出現相當不同的B信念，像是：「我真的**應該**在面試時表現更好。我出了一些原本**不應該**發生的失誤。這份工作真的很棒，但我沒爭取到真是**太糟糕**了。我在面試時表現得實在太糟，我或許也會在其他類似的面試中失敗。我太蠢了！我**必須**找到跟這很像的工作，否則人生就毀了。假如我的面試情況繼續如此，我肯定找不到好工作。太可怕了！我太可悲了！」

倘若你的B（信念）接近於此，你可能因此陷入抑鬱，甚至自我毀滅，而不是去找其他工作，也可能會從此逃避求職面試，陷入長久的失業狀態。

上述內容就是為了表達，是你控制了自己的情緒。儘管你無法決定市場上有哪些工作、能獲得哪些面試機會、面試官的決定，還有多少同質工作釋出等各種求職事項，但你確實**可以**掌握自己對工作有沒有錄取，所出現的反應和感受。透過主宰自己的觀點，你能極大程度地（儘管並非完全）控

制感受。萬一你的生命中發生了不幸的事情或A（逆境），請從B去思考自己要產生什麼想法。

因此，幸運的是，儘管我們往往無法控制自身的遭遇，但總是可以掌控自己的反應。倘若非常糟糕的事情、亦即有違你目標及利益的事件發生了，你首先會出現的應該是健康的負面情緒，例如失望、難過、後悔、惱怒、挫折，因為我們都不喜歡被剝奪所愛（或遇上不喜歡之事）的感受，且你最好在這些讓人不悅的事情發生時，做出相應的負面反應。這才是健康且正面的，因為失望與挫折能激勵我們重新審視逆境，並試著改變。倘若你不會產生任何負面情緒，你就會讓事情繼續發生，不做任何努力。因此，如果你想採取行動，那麼後悔、失望等健康的負面情緒就能幫到你。這也是為什麼在REBT中，我們稱這些情緒是健康或有助益的。

然而，要是逆境發生時，你選擇以**不健康**的負面感受（B）來回應，就無法妥善解決問題。因為這些感受如焦慮、恐慌、抑鬱、暴怒、自我厭惡和自憐，往往具毀滅性，且經常干預解決問題的進程。此類情緒往往異常地強烈。它們困住並占據了你，讓你無法冷靜思考與解決問題。

它們或許會癱瘓你，更常誘惑你做出其他行為，像是企圖傷害他人，或毀了你幫助自己的機會。它們還會讓人身心不適，如心悸和頭痛。這不僅妨礙了你，更會讓你難以應付

逆境。

　　因此，讓我們再重複一遍：生命中發生不幸的事（像是丟了夢寐以求的工作），而你馬上感到焦慮與抑鬱時，鮮少是因為事件本身（逆境）影響了你的情緒，讓你做出反應。這些逆境或許很糟，也確實讓你產生情緒性反應。但更重要的，是你的B──你對逆境抱持什麼信念。這些信念可能涵蓋了各式各樣的想法、觀察和結論，並產生相應的情緒反應。因此，當同樣的逆境發生在你身上（再以沒有爭取到工作為例），你很有可能出現微弱或強烈的情緒、健康或不健康的感受。你對同一個逆境的反應永遠不會一樣，每個人都是如此。倘若極為相似的逆境發生在100個人身上，每個人可能會出現很類似的壞情緒，但也可能出現截然不同的反應。

　　同理，你及其他人的行為後果，也都是如此。倘若你在A（逆境）失去渴望的工作機會，這樣的失敗或許會促使你去爭取其他的工作面試，最終也獲得想要的工作。但它也可能會讓你感到沮喪和無助，再也不去參加任何面試。為什麼？最主要的差異在於你如何和自己的B，亦即你的信念系統（Belief System）溝通。你或許會說，「沒拿到這份工作實在很可惜，但現在我更清楚面試官想要的特質，也感覺到自己確實非常適合、且能勝任這類工作。因此，我最好盡可

能爭取面試機會，好得到一份工作。雖然或許要花上一段時間，但我相信只要不斷努力，最終一定會成功。」倘若你擁有這樣的B（信念），你就會努力找工作，並盡可能參與各種面試機會。

相反的，你也有可能這麼想，「噢，這次的面試經驗讓我知道，要找這類型的工作，肯定要經歷一段難熬的時光。我實在不具備對方想要的特質。就算我想盡辦法獲得一份工作，大概也做不好，公司恐怕還是會開除我。所以參與更多的面試又有何意義？我最好還是換個很不一樣的工作。但也可能根本沒有我能做的工作。或許我還是靠福利金過生活，或是讓家人來養我好了。」倘若你對工作沒錄取的想法是如此，你恐怕不會努力去爭取同類型的工作，甚至在極端的情況下，徹底退出勞動市場。

因此，你對沒能通過工作面試的反應與行為，絕對不只視這場面試與結果而定，還會因為你對求職失利及繼續爭取其他工作的態度，而受影響。請容我再次強調，你對逆境的情緒及行為反應，極大程度上取決於你對逆境的信念，絕非僅僅來自於逆境本身。

而正如我所說，這是非常幸運的。因為在絕大多數時候，你能全權掌握自己相信與不相信什麼，並依此產生情緒與行動。

Chapter 4
「非理性信念」的暴行

你以為自己永遠不可能停止焦慮或恐慌，
所以乾脆屈服於它們之下，任其猖狂。

倘若你正承受極大的壓力，比如因為暴力、強暴、虐待或重大意外所導致的精神創傷，你可能會一瞬間陷入恐慌或情緒潰堤，也可能會在一段時間內，無法控制思緒，覺得恍惚、行為舉止異常。但即便如此，你還是能在時間的幫助下逐漸恢復，且與創傷發生的當下相比，更能控制自己的想法和行為。但會有那麼一段時間，你處於極端震驚的狀態（尤其創傷事件是在毫無預警下發生），導致你無法好好思考。

幸運的是，這些屬於罕見狀態。絕大多數時候，大腦與神經系統總是能良好運作，你也能確實掌握想法、感受和行為。換句話說，你是怎麼想的，就會怎麼樣去做！舉例來說，假如你認為自己失去控制，想法與感受已經徹底占據並控制了你，那麼你或許真的就會出現這樣的情況。理論上，你可以修正想法、情緒及行為，但你可能會被說服，以為自己做不到，從而放棄努力並讓它們控制自己。因此，你以為自己永遠不可能停止焦慮或恐慌，所以乾脆屈服於它們之下，任其猖狂。然而，即便處在嚴重的恐慌狀態下，我們仍然有能力做出行動。但你深信自己無能為力，甚至為自己的恐慌陷入恐慌。那麼，一切就會脫軌失序！

但要注意的是，即便你相信，信念對於人會產生什麼情緒及行為很重要，並開始察覺那些讓你心神不寧及失常的信念，你仍舊無法全然控制感受。對此，我們沒有靈丹妙藥！

但你有能力產生、管理並調整你的情緒反應和行為，以適應不同的情況和環境，達到想要的結果。你將不再是嚴重焦慮、抑鬱和暴躁的犧牲品（倘若你總是不加以控制，就會受這些情緒折磨），因為你擁有廣泛的**信念**可以選擇，並接受其中許多想法，拒絕其他念頭。如同我們將在本書中不斷提到的，你可以思考，可以思考自己的想法，甚至可以思考「自己如何思考自己的想法」。這是正常人會做的事。他們能以各種角度去思考，包含正面且有助於自己的角度，或負面及自我傷害的角度。他們生來就具備且能行使這個能力。倘若他們知道去使用的話！

現在，我將解釋REBT的基本原則，展示該療法的ABC如何大大賦予你控制情緒與行為的能力，尤其是如何幫助你先發制人地控制焦慮。倘若你能運用這些原則，並持續練習，那麼你極有可能以自己過去不敢想像的程度，控制自身情緒，尤其是焦慮。同時，也能控制那些你習慣創造出來的侵擾性情緒。

克服「不被認同的恐懼感」

讓我們來看看一個最常見、最常「製造」焦慮的事物。假設，你非常希望在任務、運動、工作或關係中，做到最

好。但你很害怕無法成功。失敗了，你就會失去幾位你明確想獲得好感者的認可。因此，自然而然的，你覺得很焦慮。

套用REBT的詞彙來看，你有一個想要成功的目標（G，Goal），但也可能會出現逆境（A），導致你失敗、遭到否定。因此，在你想到失敗並被否定的結果（C）時，你覺得極端焦慮。當然，你的焦慮無法幫助你完成任務，更沒辦法讓你因為成功而被接納。相反的，你只是一直擔心失敗。你可能會打顫或發抖，感覺虛弱和不安，徹底打亂了你想要好好表現的計畫。你可能過於焦慮，導致你覺得胃非常不舒服，身體無法協調，甚至動不了。

根據REBT，你的焦慮可能有數種成因。像是你想要順利完成的任務是眾所周知的困難，而即將評論你成果的對象，也相當嚴苛。但這些外部因素你無法改變。那麼，引起你焦慮的成因之中，哪些是你**可以**用更有益的方式，去加以控制、調整並改變的？答案：最重要的，是你對這個情況、以及要是失敗並遭到否定的話，所抱持的信念（B）。這些信念絕大部分掌握在你手中，要是它們對你毫無助益，更能適時修正。那麼，就讓我們專注於此。

首先，關於你所從事的任務、以及完成此事所能得到的認可，你或許擁有一套理性信念（Rational Beliefs，RBs）。而這些理性信念或偏好，或許是這樣的：「我非常希望能做

好這個任務，並獲得那些我希望能喜歡我的人的認可。當然，我還是有可能失敗，這樣確實很可惜。畢竟我就得不到想要的，可能還會招致不希望的批評。但我能從中學習，一再嘗試。此外，被那些我希望能肯定我的對象否定，又不會要了我的命，只會剝奪我的一些喜悅罷了。然而，即便我永遠都無法完成這類任務，我也只不過是受到挫折，不可能被摧毀。就算我永遠無法贏得那些人的肯定，我依舊只會受到挫折，不至於被擊潰。現在，讓我好好思考，該如何拿出最優秀的表現。假如我失敗了，也要繼續在相似的任務上努力，這樣或許遲早能取得成功，並贏得相當程度的肯定。倘若我做不到，那就做不到！我仍舊能成為快樂的人。」

這些信念（B）相當理性，因為它們在絕大多數情況下，能幫助你達成任務，贏得你所喜歡之人的肯定。它們能創造出健康的失望與挫折感受（以防你真的失敗了），還能激發出有助於取得成功的健康鼓勵與熱誠。它們同時也比較能讓你繼續努力、以完成當前或相似的任務，而不是逃避或草率地放棄。同樣的，它們還可以幫助你，將思緒和精力放在有助於達成目標的方案和計畫上，遠離不想要的結果。它們是主動積極的信念，儘管這無法百分之百保證你達成目標，卻能大幅提高你成功的機率。這也是為什麼我稱它們為理性信念。因為它們是有益的，且能幫助你更有效率和更具

生產力。

　因此，假如發生逆境（任務失敗）後，接著出現的是理性信念，那麼結果（C）就更可能吻合你的期望。多數情況下，理性信念能幫助你達成目標。但就算失敗了，理性信念也能讓人產生有建設性的失望與挫折感受。如此一來，你就更可能在當下或未來，達成目標。理性信念往往能帶來我們想要的成果。

　另一方面，一旦你立下目標（如取得成功、獲得認可），並知道有許多潛在逆境（A）會阻擋或妨礙你，你很容易會出現一連串非理性信念（Irrational Beliefs，IBs），導致你情緒不安，甚至破壞你預期的結果（C）。由於非理性信念作祟，你可能會不理性地想著，「要是無法實現目標，被那些我所喜歡的人徹底唾棄……那就**太糟糕了！我絕對不能**失敗也不能被否定。我**不可能承受**得了。失敗意謂著我能力不足以成功，亦即我是**不夠格、無用的人**！倘若人們因為我失敗而唾棄我，也證明了我不值得獲得他們的認可，而我未來也只會不斷地遭到否定。多麼可怕啊！我會被徹底摧毀！再也快樂不起來。倘若被剝奪了最渴望的事物，那活著還有什麼意義？或許我應該自殺！」

　一般而言，非理性信念造成的傷害比助益大。它們會讓你極度緊張（根本是陷入恐慌），導致你無法正常發揮，走

向失敗、並遭他人打回票。而且，非理性信念往往會讓人感覺身體不適且虛弱，且它們造成的恐慌，會干擾你的心智功能，使你搞不清楚要擬定什麼計畫才能成功，更無法著手實踐。它們會帶給你嚴重的情緒困擾，要是你其中一個目標真的失敗了，你可能會灰心喪志到無法再嘗試一次。或者，你**會不顧一切**地想要成功，導致接二連三的失敗。非理性信念經常會讓你徹底放棄願景，勉強去接受那些你不是真心想要的目標，甚至變成毫無理想與企圖的人。它們會導致你原本喜愛且擅長的目標或任務，也表現失常，嚴重侵蝕你往後的人生。在極端的情況下，甚至會讓人精神崩潰或自殺。

那麼，當我們試圖達成一個重大目標、亟欲成功以得到大人物的肯定，有建設性的理性信念與具殺傷力的非理性信念，到底會造成什麼差別？答案是，理性信念會激勵你充滿熱誠地追求目標，同時對此事抱有合理的擔憂。擔憂也是一種焦慮，因為它會提醒你失敗的可能性，迫使你更小心謹慎。而擔憂也能促使你擬定計畫、著手實現。它有助於你做通盤考量，並在可能或實際陷入混亂時，進行修正。你或許可以這麼說，擔憂為行為管束的必要一環。倘若缺乏健康的擔憂心理，你恐怕根本不會去做這件事，更不會努力做到最好。因此，理性信念能讓你對自己做的事情，抱持擔憂、小心、謹慎以及未雨綢繆。此外，擔憂也是有趣且令人享受

的：它能讓你集中心力去闖蕩冒險，找出最好的執行辦法，使你保持全神貫注。這能帶來芝加哥大學（Chicago University）米哈里·契克森米哈伊教授（Mihaly Robert Csikszentmihalyi）所謂的「心流」，亦即對從事的事物感受到內在樂趣，以及沉浸其中所帶來的快樂。

　　焦慮就不同了！焦慮是**過分**擔憂或**誇張**的擔心。擔心能讓你感覺目標很重要且令人振奮。但焦慮卻會讓目標過於重要或神聖到不可侵犯。儘管「擔心」和「過度擔心」看來有些相似，但兩者卻有天壤之別。當你告訴自己，「我非常想要執行這個計畫，我也將全力以赴。但假如我沒辦法做到完美，沒關係，我仍然享受這個過程。」那麼你就是適度擔心且投入其中。但一旦你加劇成非理性信念，「我絕對**必須**進行這個計畫，也**一定**要做到完美，否則我就是沒用的人。」你對這件事已經過度擔心、焦慮和抓狂。如同我們提到的，過度擔心或焦慮，經常導致你心神不寧，讓你更不可能順利完成任務。

　　那麼，你怎麼知道自己的信念（B），是非理性或自我挫敗的？有一些簡單的方法，能找出這些信念，並在發現它們是非理性的時候進行駁斥（Disputing，D），導正回理性信念。我很快就會介紹這些方式。但首先，讓我們來審視REBT中ABC的C，看看你的焦慮程度。焦慮是心理感受，

一種不安、懷疑和猶豫不決的情緒。一般而言,我們能透過身體感受來發現,例如胃部翻攪。但焦慮還能以多種形式來呈現,像是呼吸急促、顫抖、發抖、抽搐等。表2-1列出了常見的形式。倘若你不清楚自己是否焦慮,請審視該表格,確認自己是否出現一個或數個(有時甚至很多個)症狀。當你確認自己確實很焦慮,而不僅僅是適度擔憂、小心或謹慎,請試著找出焦慮的主因,亦即REBT中ABC的A(逆境)。通常,你會發現焦慮來自於無法完成重大目標,或你希望得到青睞的人否定了你,或各種損失及不舒服,或生理性疾病及危險,或死亡。某些可能導致你焦慮的主因,就列在表2-2中。

所有焦慮,都脫離不了「三大必須」

現在,你已經肯定自己確實很焦慮,也透過某些指標知道焦慮的主因,是時候找出引發焦慮的非理性信念了。理論上,它們有成千上萬種。但根據REBT與CBT治療師的大量研究,我們發現絕大多數你可能擁有的非理性信念,都可歸類在一個或數個大項目之下。因此,你要做的第一件事,就是審視這些大項目,看看自己的非理性信念是否落入其中。這些大項目如下:

絕對必須（absolutistic musts）、**應該**（shoulds）、**應當**（oughts）及其他**要求**（demands）。在我開始研究案主的非理性信念時，我總結出十二種常見類型，每一種還有許多變化型。而在非理性信念的測試中都有納入這些信念，並在數千份發表的研究中，讓受試者（受困擾及不受困擾者）進行測驗。如同我所預測的，研究者普遍發現，非理性信念多且強烈的人，更容易陷入焦慮，且與非理性信念少、而且程度輕微或適度的人相比，前者更容易心神不寧。這是一項重大發現，顯示REBT的理論或許是正確的，人們的情緒困擾與非理性信念有關。

　　然而，在對人們的非理性信念進行進一步的臨床工作與研究後，我有些驚訝地發現，我最初的十二項非理性信念及其他變化型，確實站得住腳。我也發現，它們還能再精簡成三大非理性信念，且幾乎所有非理性信念（成千上百種），都可以歸類在這三大項之內。我感到有些訝異（儘管我多年來都如此推測），這三大類會導致情緒困擾的基本非理性信念，都是絕對的要求或命令，包含：無條件的應該、應當或必須。了不起的分析家卡倫‧荷妮（Karen Homey），在1950年提出了近似的觀點，她認為「應該的暴行」（Tyranny of the should），導致人們失序。而我在1950年代中期，將REBT應用在案主身上時，我尤其專注在這些絕對的應該與

必須上。我發現有三種強烈的必須信念（我稱之為「蠻橫必須」〔musturbation〕），如下：

一、針對自己的必須。例如，「我**絕對必須**順利完成手上的每一個任務。」「我**必須**被在意的人**徹底**地愛著，或至少是得到完全認可。」「在那些我選擇去做的任務上，我**必須**表現出色或完美。」這是很常見的「蠻橫必須」，每個人一生中都可能出現，導致人們在沒能達成生命中的目標時，會感到焦慮、抑鬱、無用、自我厭惡和不安。

二、針對別人的必須。比方說，「別人**必須**幫助我得到想要的，並防止我接觸到不想要的。」「在我需要別人的愛及肯定時，他們**必須**這麼做。」一旦其他人沒有遵守你的要求，不能百分之百依照你的**命令**來對待你，此類型的「蠻橫必須」，會導致憤怒、暴怒、狂怒、暴力、仇恨、戰爭和種族滅絕。

三、針對環境或世界情勢的必須。像是：「工作條件**必須**清楚明確，好讓我能獲得喜歡的工作，而且還可以拿到很好的薪水。」「天氣**必須**如我所願，給我我所想要的日子。」「政治經濟情勢**必須**永遠合我所需，絕對不能違背我的利益。」此類的蠻橫必須

會導致低挫折容忍力、抑鬱、拖延、成癮等各式各樣的不良後果。

　　如同我所說的，令人吃驚的是，這三大必須囊括了所有非理性信念，並因此產生了各式各樣的情緒困擾與功能障礙行為。我尚未發現任何一個重要、且會導致人類行為失序的必須或非理性信念，不屬於此三大必須。

　　再強調一次，這些必須與要求都能再細分很多種，但反過來看，每一種也都直接或間接涵蓋一個絕對要求。

　　這意味著，每當你腦中出現明確的目標、而且很想達成它，但你不讓自己萌生那些必須信念及要求。那麼，就算你沒能達成目標，也不會過度沮喪，頂多感到悲傷、後悔、挫折與不開心等健康的情緒。不過，再加個**但是**或**然而**往往是更好的切入角度，避免因目標未實現而出現情緒困擾。換句話說，倘若你能對自己說，我非常希望任務能成功，但我沒有非成功不可，就算出師不利也能過著快樂的日子。那麼如果你失敗了，你會感到失望，但不會遭遇精神創傷。

　　但抱持「絕對必須」的信念，就不會接受「偏好的選擇」或「但是」的觀點。其意思就如字面所言：不管什麼情況、無論何時，都絕對**必須**做到最好，也一**定**要贏得其他人的認可，但這樣自然是不切實際的。畢竟總有些時候，我們

就是無法做得跟平常一樣好，並會招來別人的否定。這時，你會有什麼感受？答案：焦慮或抑鬱。

因此，有條件的必須，就相當明智且合理。舉例來說，假如你要買一本書就必須付錢，假設你想上大學就必須註冊、付學費、上課並通過考試，這個必須就是合理的。為了做到某件事，你經常需要先完成其他事。因此，想要達成目標，就必須先做到那些事。但要是你認為在任何情況與時間點下，你都必須買一本書，完全不管自己有沒有錢，那這樣的必須就很傻。你的無條件必須根本不可能實現，頂多讓你感到痛苦。

因此，儘管順利且完美達成任務、贏得他人的認可，是最理想的結局。但沒有任何理由能解釋，為什麼你**絕對必須**成功，或只因為你更**偏好**成功，所以必須成功。另一方面，因為你只是「更希望」能成功，要是結果不盡人意，你還是可以退一步追求其他目標。相反的，要求在任何情況下都**必須**實現目標的絕對命令，則有可能讓你陷入困境。正因為「絕對必須」很少能成真，你可能會想：聰明的人類怎麼可能會這樣做？但人們卻經常如此堅持，且如同REBT清楚指出的，這樣的行為經常導致焦慮、抑鬱和自我貶抑。因此，倘若你想要消除情緒上的不安，請先審視內心的必須，駁斥它們，放棄它們，轉念成更實際的偏好。

在你情緒不安或行為失調時，你會不會有意識地產生這些必須信念？可能會，但也可能不會。因此，你也許會下意識地告訴自己，「我必須通過數學測驗，否則我就是毫無希望的白痴！」或「我必須對爸媽好一點，否則我就是討厭的小孩和差勁的人！」倘若你心中有一絲這樣的想法，你自然會因為想到測驗可能**不通過**、你恐怕對父母**不好**，而陷入焦慮。然而，你的**必須**是有意識的，你知道它，你可以選擇繼續這樣想、並陷入焦慮，或將其轉變成一種偏好。（「我**比較希望**能通過數學測驗，但我真的不**需要**以通過測驗的方式來肯定自己。」）那麼，根據REBT，要是你失敗，你會出現健康的難過與挫折感，而不是焦慮到無法正常行事。

那麼，假設REBT是對的，你的渴望與偏好並不會在你失敗時引發焦慮，但你的必須與命令會。那麼，你或許會發現與製造焦慮的必須相伴的，還有數個推演或衍生的信念，這些信念強烈地與前者緊緊相扣，加深你的焦慮。這些信念有：

自我貶抑或能力不足的信念：「我絕對**必須**通過數學測驗，但我也有可能失敗，失敗會讓我成為徹底的輸家，變成能力不足、毫無用處的人。」此種非理性信念會製造出嚴重的焦慮，包含了表現焦慮，但同時也可能包括非理性信念，

亦即：如果沒能通過數學測驗，別人會鄙視我。可是我**必須**獲得他們的肯定，卻又可能落空，這同時會讓我淪落成被鄙視的人。

貶低或咒罵他人的失敗：「由於所有人都必須對我很好且公平，但有些人沒有，那些人就是徹頭徹尾的爛人，應該受到譴責與懲罰。」這屬於「以偏概全」的非理性信念。當事人會去譴責人們的所作所為，並導致無盡的憤怒、仇恨、戰爭，甚至是種族滅絕。如此一來，對方往往也開始憤怒：他們自然會因為你的怒氣而咒罵**你**，而不是指責怒氣本身。因此，憤怒引發憤怒，咒罵招致咒罵。這種以偏概全想法的交互影響，是永無止盡的。

糟糕化和恐怖化：倘若你深信自己應該要善待父母，但又沒有做到，你很可能因此貶低自我，覺得自己一無是處。此外，你還可能同時擁有這個非理性信念，「對父母不好是相當**糟糕**的。我居然會出現這樣的念頭，我是多麼**可怕**的人啊，更不用說實際這樣做了。」倘若你以這種方式糟糕化、醜化或恐怖化事情，要是你真的對父母不好，你可能會出現相當不健康的焦慮，而不僅僅是出現健康的抱歉、失望或後悔。把事情糟糕化往往會大幅度強化你的焦慮。

「我無法承受」病：一旦你堅持其他人絕對**必須**公正待你，你經常會認定（從你的必須衍生而來）：「我無法承受

他們待我不公！我**無法承受**！」「我無法承受」強化了自己的必須信念，並讓你因為其他人對自己的態度不夠公正而陷入憤怒，因為你覺得這樣會害你無法獲得**任何**快樂，甚至因為這樣死掉。一旦你想著：「這個項目我**必須**成功，我**無法承受**自己沒能做到」，「我無法承受」病會強化你的憤怒或焦慮。

全有或全無、非黑即白等以偏概全的思維：當你要求自己要做得好、別人要對你好，只要事情沒有照你預想，就是非常糟糕。此種以偏概全、非黑即白的思維方式，會讓你遇上麻煩。你會產生以下的非理性信念：「由於我在這個重要項目上慘遭失敗，這意味著將來我只會繼續失敗，永遠做不成重要的事。」「由於我失去了幾段非常珍貴的感情，以後我再也沒辦法擁有想要的感情，也會一直搞砸其他重要的關係。」「由於我總是碰到不幸的事情，未來這些事也會繼續找上我，讓我無比悲慘。」

因此，絕對的應該、必須和其他要求，會導致自我貶抑、譴責他人、糟糕化、「我承受不了」病和不正確的以偏概全。除此之外，這些非理性信念也會反過來強化你的必須信念。因此，當你強烈相信「對我來說，在重要的項目上失敗實在糟透了，我無法承受自己表現差勁」，你就更有可能

這麼想,「既然失敗是非常糟糕的,那就代表我**絕對必須**成功。要是失敗,我就是個徹頭徹尾的廢物!」「蠻橫必須」強化了悲觀思維(Awfulizing),悲觀思維又強化了蠻橫必須。你的非理性信念會鞏固彼此,並誘導出更多的非理性信念。

總結目前為止我所想強調的:你生來就是會擔心或適度焦慮的人,因為在日常生活中你需要面對許多問題、衝突和壓力。倘若你完全不去思考該如何處理並試著消除困境,你會很難存活。因此,就生理及社會面上,我們傾向於面對問題、做出反應,並在某些程度上,出現擔心、小心或謹慎的心情。

然而,你也很容易過分擔心或過度焦慮,讓你更難處理生活中的壓力源。而你之所以會超乎尋常的緊張,部分原因來自遺傳,涉及到原始男性與女性的過度小心及謹慎。但也有社會因素,像是受到父母、老師及文化的影響。但最主要是因為,你非常想要成功、獲得認可與過得舒適,但卻把它轉化成異常、誇大的要求。一旦你想要做得好並獲得其他人的認可,往往很容易將自己的偏好,轉變成不切實際且自大的要求,尤其是這三種誇大的必須:一、「我**絕對必須**要表現得很好,否則我就不配是有能力的好人。」二、「別人**絕對必須**待我和善、公平,否則他們就該死。」三、「我所居

住的環境**必須**得到妥善安排，讓我能得到想要的，避開不想要的，否則這個世界就是**可怕**的地方。」

這三個非理性必須，往往會讓適度的緊繃與焦慮，升級成嚴重的焦慮與恐慌。第一種必須，會帶來自我焦慮（ego anxiety），第二種和第三種必須，則會讓人憤怒、無法忍受挫折，這些都屬於不適焦慮（discomfort anxiety）。就算你心裡沒有任何一點有意或無意的必須與要求，你仍然會感受到相當程度的小心與謹慎（尤其在風險與危險面前）。但你不太會失控，且能適當處理對壓力的反應。

根據美國精神醫學學會（American Psychiatric Association）的《精神疾病診斷準則手冊》（*Diagnostic and Statistical Manual of Mental Disorders*，DSM-5）所定義，恐慌或恐慌發作（panic attack）是指焦慮突然襲擊，並在極短的時間內達到高峰（通常為十分鐘內），通常伴隨著一股迫在眉睫的危險感與厄運感，並會出現強烈的逃跑衝動（無論人在哪裡）。而主要的身體或認知症狀為心悸、流汗、發抖或顫抖、噁心或腹部不適、頭暈或頭昏眼花、窒息感、胸痛、自我感喪失（depersonalization）、害怕即將失去控制或即將抓狂、害怕死亡、皮膚出現異常的灼痛或刺痛感、發冷或發熱。而嚴重焦慮也會伴隨著這些症狀，但在恐慌狀態下，症狀恐怕會更強烈。

一旦你陷入恐慌、或在非常焦慮但沒有嚴重的恐慌發作下，你經常會對自己說，「我一**定**不能慌張！」「我**無法承受**恐慌發作帶來的可怕感受！」「恐慌發作實在太**糟糕**、太**可怕**了！」這麼做，經常讓你開始對自己的恐慌感到恐慌，並理所當然地強化了你最初的恐慌，導致其狀態持續的比平常更久。

事實上，一旦你為恐慌而恐慌，你或許會執著地想著自己可能產生的感受有多麼「恐怖」，想著**如果**真的發生了，它們會多麼「糟糕」。而這個情況發生時，幾乎任何事情都可能成為你災難化的對象，並因此讓你產生第一組恐慌症狀。在這些症狀之後，第二組症狀——因為恐慌而恐慌，開始占據你，你可能會感受到「漂浮性焦慮」（free floating anxiety；按：指不與特定物體或情境相關的普遍焦躁感）。所以實際上，你因為恐慌（焦慮的主要症狀）陷入恐慌（焦慮的次要症狀），而這是你問題的最主要原因。

然而，讓我們先假設你失控了，讓焦慮或恐慌控制自己，而不是掌控情況。那麼你該怎麼做，才能降伏那過分膨脹的必須信念，並修正回合理、有時比較強烈的偏好？請繼續閱讀下一章。

Chpater 5
反擊焦慮，
從「駁斥」開始

這或許是最有效的治療方法。
你漸漸明白，自己的需求不一定要得到滿足。

先讓我們假設：REBT是正確的，你可以控制內心的焦慮，同時以相當簡單的方式，繼續保有具自我保護性的小心與謹慎。這看來簡單，卻不一定容易。

基本上，你只需要保持「偏好……」的心態，像是偏好得到認可，偏好感到舒服，偏好遠離事故和疾病，但同時嚴格規範這些偏好，不升級成「必須」或「要求」。無論你的欲望、目標和價值觀為何，你都不太需要從根本上去改變它們（如果你能讓它們保持在欲望的原始模樣）。但是，一旦你將它們變成一種堅持與不可違抗，那麼是時候停下來，去思考這樣的堅持會造成多大的傷害，並回歸到單純的願望與期望。

很簡單吧？沒錯，但請容我再強調一次，並不容易。讓我們進入更具體的討論，使你明白該怎麼做。

萬一對方不愛我，怎麼辦？

舉一個最常見的例子。假設你真心愛上了一個人，但有強烈的跡象指出，對方不會回報你的愛。那個人跟你非常不一樣，甚至好像有點不愛你。但你依舊非常渴望對方回應你的愛，並焦慮著他可能沒有這麼做。你該如何減輕自己的焦慮？

首先，假如你非常希望贏得心上人的愛。假設你擁有一個**必須**及強烈的欲望。但為什麼？為什麼要這樣假設？因為你遵循（至少暫時）REBT的理論，該理論指出你極端焦慮時，你很可能心裡有一個必須信念。因此，先假設你有這樣想。

　　當然，你的偏好或渴望，是心上人也一樣愛你。但要是你感到極端焦慮，那麼這份渴望已經升級成急切的必須。所以你只需要爬梳一下，很容易就會發現：「我不僅強烈希望對方愛我，也認為他絕對必須這麼做。但由於他沒有做出應該要有的表現，也可能永遠無法像我愛他那樣愛我，我感到非常焦慮。我無法保證自己得到必須要的事物，因此我非常焦慮。或者，更確切地說，恐慌了。」

　　好了，現在我們有一個與你心上人有關的必須信念，而這個必須很可能讓你感到焦慮。很簡單，不是嗎？當你去找心中的必須信念，或許很容易就能找到了。

　　那麼，現在對於「我的心上人必須、絕對必須，以我愛著他的方式愛我」這個必須信念，你該怎麼做？你打算如何改變它？

　　如果你依循REBT，那麼正確答案是駁斥它。你的目標是贏得摯愛的心。在A（逆境）的時候，對方看上去沒有那麼在乎你，且或許永遠都會如此。而B點的非理性信念是，

你告訴自己，他絕對必須在乎你。因此，到了C（情感結果），你開始焦慮。事情相當清楚吧？因此，繼續依循REBT，你會來到D。D代表的是駁斥（dispute）。這或許是有史以來最有效的治療方法，數千年前由多位哲學家所提出，其中包含亞洲人、希臘人及羅馬人。D是去駁斥、質疑和挑戰你的非理性信念——「我的摯愛**絕對必須**愛我！」

現在，你可以駁斥「我的摯愛絕對必須愛我！」這個非理性信念了。這裡，我將著重三種駁斥非理性信念的思維方法。接著，後文會呈現數種認知、情緒及行為方法，教你如何挑戰種種自我挫敗（self-defeating）的非理性信念。

實證型駁斥：「證據在哪？」

駁斥非理性信念的第一種、且就各層面而言最基本的方法，稱為現實或實證法。主要原因就在於那些信念根本行不通，違背了社會現實。由於它們並不符合生活現實，倘若你仍是固執己見，往往只會對自己造成傷害。

因此，當你出現非理性信念如「我的摯愛絕對必須愛我」，首先你應該就現實或事實性，來進行駁斥。你要不斷對自己發問，直到你得到合適的答案。例如，為什麼我的摯愛絕對**必須**愛我？他必須這麼做的證據在哪裡？去假設他絕

對必須愛我，符合現實嗎？有沒有證據能證明這一點？有任何理由，無論是什麼樣的理由，能解釋他**必須**愛我嗎？

這些問句或駁斥的答案，自然是斬釘截鐵的不。事實上，你的**摯愛**在要不要愛你上面，是可以**選擇**的。因此，他並不**需要**這麼做。實際上，他可能不愛你。沒有任何證據能證明他絕對必須愛你，卻有大量證據能指出他或許不愛你。而且其實，你之所以會不安，是因為你要求他必須愛你，但他卻可能、或根本不愛。因此，有明確的證據指出，只要有他不愛你的事實出現，那他就是真的**不愛**你。

同樣的，去假設你的摯愛必須愛你，自然是不切實際的。畢竟他明明可以決定愛你、恨你，或對你無動於衷。因此，同理，自以為他不能決定不要愛你，也是不切實際的。關於這點我們有什麼證據？證據顯然就是，有些時候他愛你，有些時候卻不愛。他可以、也確實在某些時候，改變了他對你的想法。顯然，這些證據指出，他並不需要在任何情況或時間點下，無條件地愛你。

再一次重申，沒有任何理由能說明，你的摯愛**必須**愛你。有很多理由能說明他為什麼愛你，舉例來說，你或許對他很好。但無論你對他多好，他仍然有可能不愛你。他甚至可能因為你對他太好，認為你過於軟弱或黏人而不愛你。

無論從哪個角度切入，你那斬釘截鐵的「摯愛絕對**必須**

愛我」的論述，沒有任何意義，因為那顯然不一定是他的**選擇**，而他的**要求**也或許跟你的並不一樣。他本身就是可能愛、或不愛你的生物。因此，當你堅持他在任何情況與時間點下都**絕對必須**愛你，你否定了他可能愛或不愛你的現實，以及他可能這個時候愛你愛得死去活來，其他時候卻不一定的情況。他的本性或許波動且不斷改變，而你堅持他在這段關係中必須保持絕對一致的行為，違背了他的本性。多麼不切實際啊！當事實告訴你，他就是無法時時刻刻愛你，你卻仍舊如此要求，就會讓你深陷在持續的焦慮狀態中。

同樣的，你能針對那些因你認為「我的摯愛絕對必須愛我」所衍生出來的信念，很實際且有憑據地進行駁斥。例如，假設他不愛你（而你認為他必須愛你），你或許會認為「我是差勁的愛人，有缺陷的人，所以他當然不愛我。」但這不是真的，因為有太多原因能解釋，他為什麼沒有那麼愛你，而且有些理由甚至與你無關，問題出在他身上。比方說，他或許根本不愛任何人，甚至缺乏愛人的能力。

再一次，你在他感覺沒有那麼愛你的時候，堅持他絕對必須愛你，你或許會斷定，「這太糟糕且可怕了！我承受不了他不愛我！」但倘若你能實際地去質疑這些陳述，你或許會發現，確實，他不愛你實在讓人難過，畢竟你無法得到自己想要或需要的愛。但就現實來看，這並不是最糟的情況。

舉例來說，他可能超級恨你，甚至決定殺了你。他沒能付出愛的情況，並沒有糟糕到必須消失不見。但當你認為這個情況糟糕透頂且可怕極了，你實際上暗示了情況**是**糟糕的，且**不應該**存在。事實上，無論你再怎麼認為這樣是非常糟糕的，他不愛的情況都會存在。除此之外，當你說你**無法忍受**他不愛你，你傾向於表示他不愛你的情況會害死你。但你絕對不可能因為他不愛你，就突然暴斃。而你的陳述「我無法承受！」意味著倘若他不愛你，在接下來的人生裡，你再也無法快樂。但這也是不切實際的，因為你無法快樂的主因，出自於你**認為**自己快樂不起來，而不是你實際上做不到。

　　你不僅可以實際去駁斥自己的非理性信念（我的摯愛絕對必須同等愛我），還可以駁斥因此衍生出來的信念，像是沒能得到他的愛簡直糟糕透頂、你就是無法承受他沒辦法如你所願地愛你等，不切實際的信念。在REBT中，非理性信念幾乎總是不切實際或違反經驗法則。因此，你也可以徹底根據自己及他人的實際經驗，來駁斥它們並進行改變。

邏輯型駁斥：「關聯在哪？」

　　你的信念「我的摯愛絕對必須愛我」，以及衍生出來的各種信念，經常是毫無邏輯的，更無法推論出「因為我如此

愛他，如果他也愛我，我會非常開心，所以他必須愛我且永遠愛我。」倘若你希望放下這個念頭，並修正成對自己有益的理性信念，你可以透過這些問題來進行駁斥：「正因為我如此愛他，所以他也必須同樣愛我的邏輯在哪？我強烈渴望他的愛，跟我一定要得到這份愛，兩者間的關聯在哪？他難道必須愛我，只因為我能從這份愛之中，獲得極大好處？我的結論是出自於這個事實嗎？」

　　你要不斷問自己這些問題，直到得出合理的答案。最後，你會發現你對摯愛的種種要求，都是不合邏輯的。你合理推論出，由於你**希望**對方能愛你，但他卻沒有，顯然你的希望沒能實現，你也因此感到挫折與情感被剝奪。每當你想要某件事物卻沒能得到，你自然會感到挫折、並理所當然地想：「我的希望沒能實現，因此我覺得很可惜或不適。」但你不能頭頭是道地堅持，自己絕對不能失去他的愛，因為你會感到很挫折，人生也從此不值得活下去。這樣的推論毫無邏輯。

　　具體來看，讓我們有邏輯地挑戰你的想法（心上人絕對必須愛你，但對方沒有做到）。首先，試問「因為我愛他，所以他絕對必須在乎我並永遠愛我，這句話的邏輯在哪裡？」答案自然是，毫無道理。「因為你愛他，如果他沒有一樣愛你，會讓你感到受傷」的假設，與「所以他絕對必須

愛我」的結論間，沒有任何關聯。倘若他能愛你，那自然最好，但認為他**必須**在乎你，就沒有任何道理了。他擁有關心或不關心的權利或特權。而他當然可以按自己心意，行使這項權利。你強烈希望他愛你的偏好，並不能左右他。說真的，就算真的能，往往也是嚇跑他！

再一次，在駁斥你的非理性信念時，請問問自己：「我希望愛人能愛我的強烈欲望，與我的希望成真的必要性，兩者有何關聯？」答案：沒有任何關聯。無論你多麼渴望他的愛，對方顯然不一定需要回應和依循你的渴望，給予你愛。再一次強調，你的強烈偏好很明顯不等於他的需求。倘若兩者相等，那他當然會愛你。但他顯然不**需要**隨你的渴望起舞。世界上沒有人有義務實現你的欲望。除非你拿槍指著對方的頭，逼他們這麼做。即便如此，他們也可能會選擇一死。

但就現在的情況而言，你手裡沒有槍。即便你有，他也不需要遷就你的要求去愛你。事實上，他遷就的可能性幾乎為零！

透過有邏輯地駁斥非理性信念，你漸漸明白，自己的需求不一定要得到滿足。即便你真的會因為沒能得到對方的愛而死掉，這仍不代表他必須在乎你。倘若他想，他大可以讓你死！

最重要的是明白,自己永遠可以很實際地去駁斥自己的絕對必須、應該、應當和要求,這麼做能讓你逐漸接受:沒有任何理由,能說明為什麼你的欲望一定要實現。欲望沒能實現也不可怕,你可以忍受希望落空。就算你的表現不符合你認定的「必須」,你也不是糟糕的人。與此同時,你也可以接受過去對自己、對他人及對外在世界的**自大**要求,是不合理的。儘管你確實更希望做好重要的事、別人對你和氣且公正、外在環境也符合你的期待,但你的偏好不一定能實現。所以,持續堅持「因為我強烈偏好如此,所以事情就該如此」,是毫無邏輯的。單純就是不合理。

你可能會反駁,「但是,假設我的失敗、被其他人不公對待,以及惡劣的居住環境,會害我受重傷或死掉。那麼為了避免受傷或死亡,我必須完成某些事情、他人必須合理對待我、環境必須保障我的安危,這樣的論述不是很正當嗎?」

是的,這樣的論述是真的,也很有道理。有時候,我們的性命確實取決於我們是否成功、是否受到其他人公平對待,以及居住環境是否妥善。因此,倘若你希望能、且繼續活著,某些事物就必須存在。但請記得,絕對沒有任何理由能解釋你為什麼**必須**活著。當然,人最終難免一死,而你確實可以先活個100年再死。但沒有任何理由能解釋你為什麼

必須長壽，或者你必須安詳且毫無痛苦地死去，或者你的人生必須是快樂的。這些都是我們的強烈偏好，但不是絕對必須。倘若你是這樣想，並認為想要的東西就絕對必須得到，那你自然會焦慮。你的希望與渴望是合理的，在某些程度上也是好的（有欲望是好的）。但你並非**絕對需要**那些你所渴望的事物。真的，不是一定要。倘若你認為自己需要，你就會浸淫在無止盡的焦慮中！

務實型駁斥：「我能得到什麼？」

第三種駁斥絕對應該、必須等非理性信念，並將其修正回偏好的方法，就稱為實際、務實或啟發法。在使用此方法時，你需要審視一個或多個非理性信念，問自己：「倘若我持續堅持，這個非理性信念能讓我得到什麼？它能帶來什麼成果？就各種可能性來看，它能讓我快樂或是變得悲慘？倘若我堅守這個非理性信念，拒絕放棄，最有可能發生的情況是什麼？」

讓我們再一次審視你的非理性信念：「我非常愛他，所以他絕對必須回應我的愛。倘若沒有就太**可怕**了！我**無法忍受**他不愛我。要是得不到他的愛，會讓我成為無能、無用的人！」

請實際且主動去駁斥和挑戰這些信念:「倘若我秉持這個信念,堅定不移,我能得到什麼?」答案:我會非常焦慮地去衡量我的愛人到底愛不愛我,並在發現對方不愛時感到沮喪。「倘若我的愛人沒能如我那般地愛我,真有那麼**可怕**嗎?」答案:不,並不可怕,因為它並沒有如想像得那樣糟。但我還是覺得這很可怕,且感覺很糟,因為我居然有這樣傻的念頭。「倘若我緊緊抓住這個信念,它能讓我開心還是讓我痛苦?」答案:只會讓我痛苦,除非我能保證心上人真的愛我,且能永遠維持這份愛。**但是**,想當然,世上哪有這種保證。因此我將永遠在焦慮與痛苦的邊緣掙扎。「倘若我堅守這個信念,拒絕放棄,最有可能的結果是什麼?」答案:我會處在極度焦慮的狀態,直到或除非發現對方真的很愛我。即便如此,我還是會繼續焦慮,因為我知道隨時都有可能失去這份愛。我也認定,自己再也快樂不起來。

此種實際或務實的駁斥法,是REBT等根除焦慮法的精髓。因為你對於愛應該獲得回報、或關於實現世界上任何事的非理性信念,使你認為絕對必須獲得想要的,才能成為快樂、安定的人。因此,在獲得想要的事物之前,你是絕望且不快樂的人。然而,一旦你使用此類務實的方法,來駁斥非理性信念,你會明白緊握這些信念根本沒用。除非你想做超級焦慮且鬱鬱寡歡的人,那麼非理性信念就超級適合!但如

果你想成為還算快樂、有生產力、有效率的人，你就會明白非理性信念是有害的，且持續帶來痛苦。作為還沒發瘋的人，你自然會將它們轉變成理性信念或更合理的偏好。

總而言之，我們建議你堅定使用這三大方法，來駁斥非理性信念，分別是：實證型、邏輯型和務實型駁斥。而且要堅持下去，因為身而為人，我們很容易出現非理性信念。畢竟，你抱持這些信念長達數年，已經習以為常，而且理所當然地相信它們。因此，要想放棄這些信念，使它們失去效力，你最好用這三大方法，堅定地進行駁斥。

倘若你因為自己沒能被愛的焦慮而感到焦慮，REBT裡，視第二種焦慮為逆境二號（A^2）。那麼，針對A^2，你肯定也會出現非理性信念二號（IB^2），像是「我**絕對**不能該死地焦慮下去！太可怕了！我**承受不了**焦慮的感受！我太沒用了，只會軟弱地焦慮！」因而產生為焦慮而焦慮的結果（C^2）。

為了駁斥你的IB^2，你可以從邏輯出發，挑戰它們：「因為我很焦慮所以太**可怕了**、我**承受不了**的邏輯在哪裡？」答案：沒有邏輯。我因為自己的焦慮而陷入焦慮，是很難受的事，因為我並不喜歡這樣的感受。但也沒有差到這件事不能存在。我**可以**承受，且仍然擁有快樂。事實上，認為不好的

情緒例如焦慮，會讓我變得糟糕，是很傻的想法。

為了駁斥IB^2，你還需要務實地質疑：「認為自己絕對不能焦慮，倘若我焦慮了，我就是沒用的人，這樣的想法能讓我得到什麼？」答案：什麼都沒有！繼續為自己的焦慮而焦慮！

因此，你總能找到導致焦慮的非理性信念，並予以駁斥和改變。倘若你又因為焦慮而出現焦慮（C^2），那麼你也可以找出IB^2，進行駁斥，從而將第二種焦慮症狀減到最輕。

如同我即將在後文所展示的，在REBT的過程中，我們強烈鼓勵案主進行回家功課——認知、行為和情感作業，而且要持之以恆。為了幫助案主做到，艾里斯學院創造了REBT自助表格，你可以在此表格的幫助下，進行駁斥，獲得理性信念或更有效的新哲學觀。請見表5-1。

表5-1列出了某些你能進行的思維功課。首先，你從自己的不安、亦即結果（C）開始，這是指你的主要不健康負面情緒與自我挫敗行為。接著，你需要問自己，是什麼導火線事件或逆境，導致這些結果。接著，你列出自己的非理性信念，進行駁斥，並在駁斥的過程中得到有效的新哲學觀、情緒與行為。

表5-1：REBT自助表格

A（導火線事件或逆境）

> 請盡可能客觀概述這個事件：
>
> 關鍵A（最讓我困擾的地方）：

例子：
—A可以是內在或外在，真實或想像的。
—A可以是過去、現在或未來的事件。

- **情況**：妻子和我出現分歧。
- **關鍵A**：她嚴厲地批評我。

B（信念）：非理性（毫無幫助／失衡）信念	D（駁斥）：與你的非理性（毫無幫助／失衡）信念辯論

找出非理性信念：

1. **要求**（必須／絕對／應該／應當）。
2. **糟糕化／災難化**（實在太糟糕、可怕、恐怖！）
3. **無法容忍挫折**（我沒有辦法承受！）
4. **貶抑自我、他人或生活**（我太糟糕或沒用、別人太糟糕或沒用、生活一無是處）。

改變非理性信念，問問自己：

• 堅守這個信念能讓我獲得什麼？這是**有幫助的**，還是讓我惹上麻煩？
• 支持非理性信念的**證據在哪裡？**
  * 這真的很糟嗎（如我所想的糟）？
  * 我真的沒辦法承受嗎？
  * 我真的是徹底的廢物？
• **符合邏輯嗎？**這是出自於我的偏好嗎？
• **用創意來駁斥。**

C（結果）

重大異常／不健康的負面情緒（感受）：＿＿＿＿＿＿

適應不良／無益的行為（以及／或行為傾向）：＿＿＿＿＿

異常負面情緒包括：
—焦慮／恐懼。
—羞恥／尷尬。
—暴怒／憤怒。
—愧疚。
—抑鬱（憂鬱的情緒）。

適應不良行為包括：
—逃避社交。
—對自己疏於照料（例：不運動、不休息）。
—變得具攻擊性。

目標

E（有效的新哲學觀）：理性（有益／有用）信念	F（具有功能的情緒和行為結果）：重大有用／健康的情緒，與適應良好／有益的行為
	（目標）：新的有用／健康負面情緒： （目標）：新適應良好／有益的行為：

為了更合理思考，努力：

1. **保有彈性的偏好**（例：我希望做得好，但不是必須）。
2. **拒絕災難化**（例：情況或許很糟或是不幸，但也沒那麼慘，我還能享受其他事）。
3. **高挫折容忍力**（例：我不喜歡，但我能忍受，而且我仍然可以享受許多事）。
4. **自我接納、接納他人、接納人生**（例：我能接受自己是容易犯錯的人）。

有用／健康的負面情緒有：

- 擔心。
- 失望。
- 健康的憤怒／煩躁。
- 懊悔／後悔。
- 傷心。
- 對關係有著健康的憂慮。
- 健康的嫉妒。
- 哀傷。

適應良好／有益的行為有：

- 和朋友見面或尋求幫助。
- 運動。
- 自我肯定行為

表5-2，為REBT自助表格的填寫範例（由一個對老闆的批評感到焦慮的案主所寫）。

表5-2：REBT自助表格填寫範例

A（導火線或逆境）

請盡可能客觀地概述這個事件：
老闆在下班前要求見我。

關鍵A（最讓我困擾的地方）：
他要批評我。

↓

例子：
——A可以是內在或外在，真實或想像的。
——A可以是過去、現在或未來的事件。

- **情況**：妻子和我出現分歧。
- **關鍵A**：她嚴厲地批評我。

B（信念）：非理性（毫無幫助／失衡）信念	D（駁斥）：與你的非理性（毫無幫助／失衡）信念辯論
我的老闆不可以批評我（要求）！ *如果他批評我，就太糟糕了（災難化）！*	*我是否應該對這樣的批評免疫？* *他批評我，真有那麼糟或慘嗎？*

找出非理性信念：

1. **要求**（必須／絕對／應該／
   應當）。
2. **糟糕化／災難化**（實在太糟
   糕、可怕、恐怖！）
3. **無法容忍挫折**（我沒有辦法
   承受！）
4. **貶抑自我、他人或生活**（我
   太糟糕或沒用、別人太糟糕
   或沒用、生活一無是處）。

改變非理性信念，問問自
己：

• 堅守這個信念能讓我獲得
  什麼？這是**有幫助**的，還
  是讓我惹上麻煩？
• 支持非理性信念的**證據在
  哪裡**？
  ＊這真的很糟嗎（如我所
    想的糟）？
  ＊我真的沒辦法承受嗎？
  ＊我真的是徹底的廢物？
• **符合邏輯嗎**？這是出自於
  我的偏好嗎？
• **用創意來駁斥。**

C（結果）

重大異常／不健康的負面情緒（感受）：＿＿＿＿＿＿＿
焦慮。
適應不良／無益的行為（以及／或行為傾向）：＿＿＿＿＿
想要回家……

異常負面情緒包括：

—焦慮／恐懼。
—羞恥／尷尬。
—暴怒／憤怒。
—愧疚。
—抑鬱（憂鬱的情緒）。

適應不良行為包括：

—逃避社交。
—對自己疏於照料（例：
  不運動、不休息）。
—變得具攻擊性。

目標

E（有效的新哲學觀）：理性（有益／有用）信念	F（具有功能的情緒和行為結果）：重大有用／健康的情緒，與適應良好／有益的行為
不，我不希望他批評我，但這不意味著他不能這麼做（具彈性的偏好）。 雖然這不是一件好事，但也不是世界末日（拒絕災難化）。	（目標）：新的有用／健康負面情緒： 擔心但不焦慮。 （目標）：新適應良好／有益的行為： 充滿自信地去見老闆。

為了更合理思考，努力：

1. **保有彈性的偏好**（例：我希望做得好，但不是必須）。
2. **拒絕災難化**（例：情況或許很糟或是不幸，但也沒那麼慘，我還能享受其他事）。
3. **高挫折容忍力**（例：我不喜歡，但我能忍受，而且我仍然可以享受許多事）。
4. **自我接納、接納他人、接納人生**（例：我能接受自己是容易犯錯的人）。

有用／健康的負面情緒有：

- 擔心。
- 失望。
- 健康的憤怒／煩躁。
- 懊悔／後悔。
- 傷心。
- 對關係有著健康的憂慮。
- 健康的嫉妒。
- 哀傷。

適應良好／有益的行為有：

- 和朋友見面或尋求幫助。
- 運動。
- 自我肯定行為。

倘若你常常使用這些表格，尤其是剛學會REBT的原則並用來練習解決焦慮時，你會變得善於駁斥非理性信念，從而獲得有效的新哲學觀、情緒和行為。

Chapter 6
你對自己說了什麼話？

找出實際且明智的理性因應陳述，
運用它們來擊退你此刻與未來的焦慮。

REBT中，有許多方法能協助你控制焦慮，並將沮喪、暴怒、自我不足或自憐的情緒最小化。這是因為幾乎每一個人都會用不同的方式，平白折磨自己，所以我們自然也能用很多方法來停止這些行為。此外，如同我於1956年在芝加哥的美國心理學會（American Psychological Association）年會上，首次發表REBT時所提到的，人類的思維、感受與行為並非獨立運作，而是環環相扣的。你遭遇逆境，思考逆境，同時也對逆境產生明確的感受。另一方面，你的感受包括了重要的想法和行為，而你的行為，也包括了重大的感受與想法。

　　因此，當你因為逆境或潛在逆境而感到不安，你必須明白這份不安的思維與行為面。另一方面，若想要降低或**消除**不安，也最好同時從多個認知、情緒及行為方法面下手，以達成目標。再一次強調，REBT是極具開創性的多重模式治療，且總是使用數種不同方法，去減輕你的不安情緒，以及伴隨情緒而來的思維和行為。以下幾章將會探索其他思維模式，同時伴隨著對非理性信念的駁斥，協助你控制焦慮。

　　完整REBT的ABC，還包括了D與E。在D點上，你駁斥那些導致你焦慮的非理性信念。然後在E點上，你會得到新的信念，或是一套有效的新哲學觀，能顯著地將非理性信念轉變成理性信念。

表現焦慮案例：演奏失敗，怎麼辦？

我的其中一個案主，約翰，是情緒相當穩定且不浮躁的人。他是出色的音樂老師，與妻小的關係也很不錯。但他唯獨對每年要在任教學校內，舉辦一、兩次小提琴演奏會的事，無比焦慮。他的ABCDE內容如下：

A（可能的逆境）：約翰即將在幾個月後，舉辦演奏會。儘管他是非常出色的小提琴家，卻非常害怕自己在演奏會上，無法做到最棒。而且，他的學生也會來聽演奏會，他們可能會嚴厲批評他。

RB（理性信念）：「我可能會演奏得很糟，然後被大家批評一番。倘若這樣就太可惜了。但也僅僅是很可惜，雖然我也不喜歡這樣的情況，但不會有可怕的事發生。而且，我很有可能會演奏得很棒，並得到許多人的認可。」

C（理性信念帶來的結果）：一定程度的擔心，讓約翰為了演奏會額外努力練習，以期做到最好。

IB（非理性信念）：「在這場演奏會上我**絕對必須**做到最棒！倘若沒有，我就會被眾人恥笑，那樣就太可怕了！我會失去音樂老師的地位，我不可能忍受得了！假如我表現得很差，就代表我是差勁的小提琴家，也是沒用的人！」

C（非理性信念帶來的結果）：嚴重焦慮。逃避練琴，因為每次練琴都會讓他想起自己可能會失敗，然後因為那場糟糕的演奏會被眾人批判。

D（駁斥非理性信念）：「我為什麼一定要表現得很好？只因為這場演奏會，能讓我贏得想要的尊敬與掌聲嗎？」

E（有效的新哲學觀）：「沒有任何原因能證明，我必須在這場演奏會上表現完美。即便我確實更偏好事情能這樣發展。」

D（駁斥）：「如果我演奏得不好，人們真的會笑我嗎？」

E（有效的新哲學觀）：「某些人可能會笑我，但絕大多數的人只會搖搖頭，說我那天晚上的狀態不好。然而，即便有人、甚至是所有台下的聽眾都嘲笑我，會很糟糕嗎？也不會。這件事確實會讓我很困擾，但也絕不是我生命中最慘的一件事。**糟透了**意味著情況非常糟，絕對不能讓它發生。但倘若發生了，也只能任其發展。我當然不喜歡這樣的情況。但我最好不要將這個情況**定義**為『糟糕透頂』。」

D（駁斥）：「我真的會因為在演奏會上表現得很差，就失去音樂老師的地位？」

E（有效的新哲學觀）：「不，大概不會。單憑我在演奏會上失常，也不代表我是差勁的音樂老師。沒有多少人會這

樣說我。即便我真的因此失去老師的地位，為什麼我會承受不了？

我當然承受得了。我不可能這樣就死掉。我也不太可能被解聘。即便我沒辦法繼續享受教書的生涯，生命中還有很多事情能讓我快樂。」

D（駁斥）：「倘若我在這場演奏會上表現得很差，就真的意味著我是差勁的小提琴家，也是沒用的人嗎？」

E（有效的新哲學觀）：「不是。這僅僅意味著我在這場演奏會上，表現得不好，但我在別場演奏會上，還是可能如同過去一般，表現得很棒。假如我的小提琴演奏技巧真的不怎麼樣，這會讓我成為沒用的人嗎？當然不會！我的小提琴演奏水平跟我是怎麼樣的人，毫無關係。我有許多個人特質，也會做很多事，有些很擅長，有些不怎麼樣。因此，就算我小提琴拉不好，我仍然不是差勁的人。正如同即便我演奏得超好，也不能代表我是超棒的人。因此去說我是好、或不好的人，太過以偏概全，沒有任何意義。我是有時候表現很棒、偶爾也會出錯的人，這包括了有時能將小提琴拉得很出色，也常做不到，尤其在我焦慮的時候。假如這次我失敗了，我會加強練習，期望未來做得更好。」

事實上，假如約翰能如我描述的那樣，去練習REBT的

ABCDE，他一開始會因為演奏會而感到焦慮，但接著就能冷靜下來，甚至能在演奏會正式登場時表現不錯。但就算表現差強人意，他頂多是感到懊惱、遺憾為什麼不能發揮預期表現，但不會陷入焦慮或抑鬱。

從駁斥的過程中，約翰得到了E，即一連串有效的新哲學觀。每當你陷入焦慮，開始進行REBT的駁斥，並反覆操作後，你會得到有效的新哲學觀（E）。倘若你做到了，也真心相信這個E，你不僅能降低對單一失敗或遭拒受挫的焦慮，以後再遇到失敗、拒絕和不快時，也不會那麼焦慮了。

找出「理性因應陳述」，但請注意……

為了鞏固自己的駁斥論述與新獲得的有效哲學觀，你可以寫下這些理性因應陳述，幫助自己遠離焦慮。未來，一旦你又焦慮了，就可以再繼續使用這些陳述。透過寫下來，細細思考，反覆練習，讓這些話語深深烙印在你的頭腦與心裡。比方說，我協助約翰練習這套方法時（他害怕在小提琴演奏會上表現不好），他的理性因應陳述是這樣的：「在即將到來的演奏會上，我並沒有一定要做到最好，儘管我確實希望如此。倘若我沒做到，也不會是世界末日。」

「假如有人因為我演奏失誤嘲笑我，我不需要太在意。

他們或許本身就有問題，喜歡與人為敵。但不管他們有沒有問題，我可以接受嘲笑，不需要心生恐懼。」

「沒有什麼事好怕，『演奏會徹底失敗』也不可怕。我如果表現很差也只是讓人有些心煩，但我可以從中學習，在未來的演奏中變得更棒。」

「一般而言，人們不太可能因為一場難聽的演奏會，就批評我是差勁的音樂老師。真的這麼做的人，顯然心懷偏見，那麼我就不該在乎他們。就算我無法一直拉出優美的小提琴旋律，我仍然認為自己是不錯的音樂老師。」

「假如我在即將到來的演奏會上失常，大概也不會影響我的音樂老師地位。就算我真的失誤了，那就這樣吧，我還是可以繼續教書且教得很好。」

「在一場演奏會上表現失常，絕不代表我是差勁的小提琴家。即便是最偉大的小提琴家，有時候也會失誤。此外，就算我真的是糟糕的小提琴家，也不代表我是個廢物。我會很多事，拉小提琴不過是其中之一。我很擅長某些事。就算我在每一場音樂會上都拉得很差，也絕對不會是差勁的人。我要做的是精進自己的技巧，或放棄小提琴！」

再一次強調，當你駁斥非理性信念，並獲得了E（有效的新哲學觀），該思維通常都會是一種「理性因應陳述」。當然，你也可以回顧之前的陳述，增添內容，想出其他類似

的理性因應陳述，來應對眼前的焦慮。這麼做，能幫助你日後也遠離焦慮的侵擾。不過，這類自我陳述屬於正向思考，所以不用駁斥非理性信念，也能創造出來。然而，當事人也可能提出過度樂觀、甚至不太真實的陳述。

因此，好比約翰差點要提出的理性因應陳述，你可能也會這樣想：「我在不久後的演奏會上拉得好不好，根本不重要。誰會在乎？我會上場表演，然後聽天由命。我是個好人，也是優秀的學者。即便我是世界上最差勁的小提琴家、失去音樂老師的光環，並被學校開除，又有誰在乎？」

這種不切實際的正向思維，或許能暫時平息你的焦慮，但絕不長久。因此，無論如何，請駁斥非理性信念，並在過程中，試著找出實際且明智的理性因應陳述。多思考一遍，予以修正。接著，運用它們來擊退你此刻與未來的焦慮。

Chapter 7
方法對了，
恐懼就變小了

使用正向想像，並模仿知名人物如何克服恐慌感，
來最小化自己的非理性恐懼。

正如同你可以使用理性因應陳述來處理焦慮問題，你也可以使用正向想像（positive visualization）。執行時，先想像那些經常讓你陷入焦慮或恐慌的事物，再想像自己妥善應對該情況，不再感到不安。

公開演說焦慮案例：說錯話的我，一無是處！

30歲的電腦分析師珊卓拉，運用了正向想像，來處理自己自13歲以來就有的公開演說焦慮。過去，她總是避免任何演說，即便是人數很少的場合，她也害怕自己的聲音會顫抖，或不小心說錯話，讓聽眾發現台上的她是多麼無助。但她獲得升遷機會後，這個職位需要她和新加入的成員交談，並向他們解釋修改後的操作程序。儘管她對這些程序非常熟悉，但她還是擔心自己會解釋得亂七八糟，讓別人以為她是傻瓜，然後她就會被降級到原本那個比較差的位置上。她找了幾個藉口，拖延演說的時間，但最終她不得不進行一場重要的演說。這件事嚇壞她了，她吃不下也睡不著。

在我的治療引導下，珊卓拉很快就發現引發演說恐懼的非理性信念：「由於我非常熟悉如何操作電腦系統，並憑藉著自己的知識與出色運用，獲得了現在的升遷機會，所以我必須向聽眾解釋清楚，更要讓他們信服。倘若我無法如新崗

位所要求的那樣，好好地教會他們，那我還有什麼用？他們一定會認為我沒有能力，不值得獲得這次的升遷。而且他們是對的。」

珊卓拉找出這些非理性信念，並進行駁斥。她獲得了有效的新哲學觀：即便不擅長演說，她也不是一無是處，只不過是因為焦慮，而不擅長公開演說。但她希望讓自己的有效新哲學觀更根深蒂固。因此，她使用了正向想像，讓想法更有力。

她首先想像自己對著觀眾講話，而且一點都不焦慮。她看到自己很擔心指導其他人的事，但也只是擔心而已，她幾乎立刻鬆弛下來。透過想像這樣的表現，她能看到自己舒坦地面對公開演說，而這樣的想法也真的降低她害怕的程度。

接著，珊卓拉想像聽眾問她與演講相關的問題，而她在聲音毫不顫抖的情況下，講出了讓所有人都滿意的答覆。透過想像這個情況，她看見自己確實**能**主導演說內容，也能控制焦慮。她對自己可能陷入焦慮，感到有些不安，但也只是一些。她在不過分擔心的情況下，擔心著。

在重複進行正向想像、且駁斥自己關於演講講得太爛的恐怖非理性信念後，珊卓拉在最低程度的焦慮下，進行了第一次公開演說。她很快就學到，她可以在恐慌控制住自己以前，掌控恐慌，且在數個月之後，她甚至開始期待下一場公

開演說。

　你也可以將正向想像，運用在那些讓你感到焦慮的事上。例如，參加工作面試、準備考試等，並想像自己**能**在一點點的焦慮下，完成這些事。或者，你能夠掌握情況，並表現得很好。或是，你一開始有些焦慮，但設法應對、並控制住這些焦慮。在你進行正向想像的同時，你可以檢驗那些引起焦慮的非理性信念，例如：「在這個任務中我必須表現完美，否則我就是無能的人！」然後主動去駁斥這些非理性信念。正向想像加上駁斥非理性信念，能顯著降低你的焦慮。

有樣學樣，模仿榜樣

　如同亞伯特‧班度拉（Albert Bandura）等心理學家所言，模仿那些在同樣情況下不會感到焦慮者的言行，是控制自身焦慮的有效方法。為了做到這一點，和你所認識的人交談，了解他們是如何將焦慮最小化。你可以閱讀傳記或自傳，了解知名人物如何克服恐慌感。你也可以觀察或和老師、講師、工作坊帶領人交談，了解對方是否有焦慮的問題，又如何克服。或者，去和那些能在巨大壓力面前保持鎮定放鬆的人交談，並知道他們在面對這樣的情境時，心態如何。或是，你也可以去和那些曾經因為某些事感到極度焦

慮，卻透過特定方法減輕或消除焦慮的人談談，看看你是否也能透過同樣的方法，來最小化自己的非理性恐懼。

Chapter 8
擊退焦慮的
「優劣清單」

藉由成本效益分析，鼓勵自己去承擔短期風險，
獲取克服恐懼症的長期利益。

一旦你擔心會遇上可怕事故，你會試著避開該情況，從而**短暫地**躲避自己的焦慮。然而，就長期來看，你反而會累積更多焦慮。假設你有電梯恐懼症，即便你從來沒有聽過或遇到任何人，因為搭電梯傷亡，你仍舊避開搭電梯，並告訴自己，「假如我走進電梯，可怕的事**會**降臨在我身上！因此，**我必須避開，以防厄運發生！**」你再一次向自己重申，搭電梯會帶來**可怕的後果**，從而加劇恐懼。

　　然而，倘若你冒險走進電梯並搭乘幾次後，你會發現可怕的事情根本沒有發生（與你那災難化的信念徹底相反），從而擺脫恐懼症。因此，你的功課應該是，去審視避乘電梯的**壞處**，將這些壞處列成一張清單，每天瀏覽數遍，說服自己，不搭電梯的最終代價會大於益處。藉由成本效益分析，你就能鼓勵自己去承擔短期風險，獲取克服恐懼症的長期利益。接著，在為時未晚之前，你也可以去控制心裡那不健康的焦慮。

開車焦慮案例：請保證，我不會遇上事故！

　　潔里非常害怕搭車，儘管她其實是很棒的駕駛，從未出過意外，且每天都會騎腳踏車或搭公車、地鐵上下班。但她的朋友瓊安在某一天出了意外，儘管沒有嚴重受傷，但瓊安

自那件事之後都不搭車了。潔里非理性地模仿了瓊安的行為，並開始對開車產生恐懼，即便這麼做已導致她在工作與私人生活上，出現極大的不便。

我幫助潔里審視她的最大非理性信念，「我**需要絕對的保證**，證明我永遠不會遇上汽車事故，但我得不到這樣的保障。所以我最好避免開車、甚至搭車！」為了駁斥非理性信念，她告訴自己「絕對保證根本不存在，且有極高的機率，自己根本不會因為汽車事故受重傷。」

此外，潔里也進行了成本效益分析，寫下避開搭車的所有缺點，以及冒險承受最初的不適去搭車的全部優點，以克服自己的恐懼症。在進行分析後，她發現克服對車的焦慮、讓自己不舒服**一下下**所獲得的好處，遠大於讓不舒服**永遠**停留在心裡並逐漸擴大。

如同潔里，你也可以進行成本效益分析，來了解：克服不切實際的恐懼所造成的短期不適，代價遠低於放任自己沉浸在恐懼中（而且往往是一輩子），所造成的長期不便。

擺脫成癮，成本效益分析也有效

在擺脫成癮焦慮上，成本效益分析也非常有效。舉例來看：有菸癮的人會承諾停止抽菸，但發現戒菸造成的不舒服

如此「可怕」後，他們又重拾菸癮。由於沒有堅守決心，加上害怕自己沒有毅力撐到最後，種種的不確定性，讓他們開始焦慮。更糟的是，他們可能會短暫戒菸，接著又故態復萌，然後再責備自己是如此「可惡的」懦弱。這樣的自我貶抑，導致他們更為不安，焦慮也攀向最高峰。

倘若你也遭受雙重的成癮導向焦慮，你可以透過兩大方式，來使用成本效益分析：

1. 上癮的人通常關注的是這件事帶來的好處，像是抽菸的快樂，但刻意忽視壞處，例如肺氣腫、肺癌、買菸的開銷、非吸菸者的不滿等。因此，假如你花幾天的時間，列出所有抽菸的不利因素（加起來可能有十項、甚至更多），並確實寫下來，每天專心看這張表至少五次，它們會慢慢深入你的意識，降低你對戒菸（或其他成癮症）的疑慮，顯著地幫助你戒除。你可能會發現，與你每天盯著的壞處相比，抽菸的好處根本微不足道。如此一來，就能降低你對戒菸困難感到「恐懼」，所引發的不適焦慮。

2. 因為戒不掉菸（或其他癮頭），而歸咎於自己太軟弱時，也可以用成本效益分析，來處理自我貶抑的行為。即便你在戒癮上徒勞無功，且會責備自己缺乏毅力，還是可以列出一張清單，寫下自責的顯著缺點，每天同樣審視這張清單

數次，從而幫助自己達到無條件自我接納（unconditional self-acceptance，USA）。這能消除許多焦慮，因為自責是焦慮的主要來源。

成本效益分析不僅能幫助你面對各種形式的焦慮，還能處理其中最棘手的類型（像是源於自我貶抑的焦慮），並帶來許多好處。畢竟，一旦拒絕面對事情可能產生的不利後果，就會出現自我挫敗的行為。而成本效益分析能將你的專注力拉回來，打斷你只顧享受有害癮頭的快樂，卻忽視長期的傷害。

Chapter 9
用心理教育，
緩解焦慮

學習REBT的原則，並傳授給願意接受新知的朋友與親人。
你也會更善於使用它們來減輕焦慮。

利用心理教育素材解憂

　　1955年1月，我首度臨床使用REBT。我發現，某些焦慮的案主從我出版的書籍文章中得到的幫助，不亞於他們接受的療程。舉例來看，對性能力嚴重焦慮的詹姆士，不斷對自己說，「我的勃起時間必須夠久，並在性交的時候讓未婚妻得到滿足，否則我就是性能力不足者！」這樣的非理性信念經常讓他不舉，並導致他譴責自己的不舉，變得更加焦慮。而在頭幾次的理情療程中，他在駁斥非理性信念上獲得不錯的成效。但接著，他讀到了我在《美國性悲劇》（*American Sexual Tragedy*）中對性的描述，以及數篇文章，像是〈性心理與婚姻問題〉（Psychosexual and Marital Problems）和〈男性性功能障礙〉（Sexual Inadequacy in the Male）。這些文章讓他更清楚地發現，導致他焦慮的，是對出色性能力的自我**要求**，而不是自己的**希望**。

　　透過駁斥這些要求，他很快就擺脫了大部分的性恐慌。與我某些案主一樣，他表示寫下來的素材對他幫助很大。因此，在紐約艾里斯學院的REBT心理診所裡，我們總是給案主一套關於REBT的小冊子，並建議他們收聽我們的音檔和影音卡式磁帶，閱讀學院出版的書籍，以利他們學習、實踐REBT的原則。對於極度焦慮的案主，我們尤其推薦我的

書：《理性生活指南》（*A Guide to Rational Living*）、《個人幸福指南》（*A Guide to Personal Happiness*）和《如何頑強地拒絕讓自己因為任何事而不幸》。而我們經常向焦慮病患推薦的CD則有《如何成為完美的非完美主義者》（*How to Be a Perfect Non-Perfectionist*）、《停止焦慮的21種方法》（*Twenty-One Ways to Stop Worrying*）和《征服對愛的迫切需求》（*Conquering the Dire Need for Love*）。我們同時也推薦阿諾‧拉查若斯（Arnold Lazarus）的《學會放鬆》（*Learning How to Relax*）和麥克‧布洛德（Michael Broder）的《在最短的時間內克服焦慮》（*Overcoming Your Anxiety in the Shortest Period of Time*）。

我們學院舉辦了許多演講和工作坊，並會建議案主前來參加。人們也似乎從我著名的週五夜工作坊——「日常生活疑難雜症」（Problems of Everyday Living），現在改名為「週五夜現場！」（Friday Night Live!），收益良多。在現場，我會為自願上台講出焦慮或其他感情問題的觀眾，進行現場治療。藉由向自願者展示該如何處理焦慮、抑鬱或自我貶抑行為後，我等於讓所有觀眾知道，他們也可以處理自己的困境。許多焦慮的人都從這樣的形式，獲得幫助。

比方說，大衛很害怕被異性拒絕，但使用REBT來處理焦慮的效果不彰。然而，在看到我向兩位自願者展示，如何

克服相似的社交焦慮後，他受到啟發，進而更堅定地使用REBT，並很快將社交焦慮最小化。事實上，無論是否接受過治療，許多參加我的週五夜工作坊、或其他工作坊的參與者，都降低了自己的焦慮。

教，就是最好的學

美國教育學家約翰‧杜威（John Dewey）許多年前就指出，教導他人某項技藝或學科，往往能精進自己的相關知識。我也發現，當我將REBT的主要內容教給某人，而他們繼續傳授給親朋好友時，他們不僅能因為這樣的指導受益良多，身為老師的他們，也能更好且更深入地將REBT運用在自身問題上。

寫作焦慮案例：動筆，會陷入恐慌……

例如，安妮瑪麗透過我的團體治療、我的幾本書，再加上聆聽學院的錄音資料與影片，學習到REBT。她對學期論文的寫作焦慮，也大幅改善。但讓她大幅進步的，是她會向其他受焦慮所苦的人，傳授REBT。安妮瑪麗的三個女性朋友也在她的指導下，焦慮困擾除了一半（三人也在她的轉介

下，找我更進一步地處理焦慮問題）。在幫助朋友的過程中，安妮瑪麗徹底克服了寫學期論文的焦慮，甚至自願寫兩篇**額外**的論文（這種事原本會讓她陷入恐慌）。她變得非常善於指導別人（與自己）使用REBT，擅長到她決定去念研究所，成為一名治療師。

親自試試看。學習REBT的原則，並傳授給願意接受新知的朋友與親人。隨著你將這些原則植入於對方的腦海中，你也會更善於使用它們來減輕焦慮。

Chapter 10
放鬆與認知分心練習

這就是人類大腦運作的方式：
極度專心於某件事，所以忘了擔心其他事情。

用認知分心法，讓自己「忘了」擔心

數世紀以前，古代哲學家發現，焦慮時可以透過冥想與瑜伽，分散對非理性恐懼的注意力，獲得暫時性的平靜。這是因為焦慮和擔憂會讓人心煩意亂且愈陷愈深。但人類的大腦很難同時專注兩件事。假如你對公開表演、朗誦或唱歌非常焦慮，你一般會專注在自己的表現**是否出色**：「我絕對**必須**表現優異。倘若我做不到，我就是沒用的人！」你會深陷於這個想法，執著到你因此表現不佳。

但是，假如你強迫自己只專注在表演、朗誦或唱歌的**內容**上，像是你要詮釋的角色、要朗誦的詩詞，或者要唱的歌詞與旋律上，你就能分散對「表現**如何**」的關注，讓自己（至少暫時），沒那麼焦慮。事實上，你可能會把心力放在表演的內容上，完全忘了會表現如何。如此一來，至少此刻的你，能徹底擺脫焦慮。這就是人類大腦運作的方式：極度專心於某件事，所以忘了擔心其他事情。

你可以使用各種形式的分散注意方法，暫時停止憂慮。比方說，冥想、瑜伽、愛德蒙・雅各布森（Edmund Jacobson）的漸進式放鬆運動（progressive relaxation exercise）、生理回饋（biofeedback；按：科學化的心理治療法。個體可透過聲音、畫面來偵測即時的生理反應，進而訓練自己達到身心放鬆的狀

態）、閱讀、娛樂、欣賞運動賽事、上網，幾乎任何事都可以，只要這件事能讓你全心全意投入，從而忘記憂慮。

以雅各布森的漸進式放鬆運動為例。你全神貫注，一次只專心放鬆身體的一組肌肉，從腳趾一直到頭部。一旦你專注於各部位的肌肉，你會發現根本沒有餘裕去想能不能表現出色，也無暇去想要是失敗，情況會有多糟。（關於雅各布森的漸進式放鬆技巧，更多內容請翻閱我與奇普‧塔弗瑞〔Chip Tafrate〕合寫的《控制憤怒》第十一章。）

你也可以運用赫伯特‧班森（Herbert Benson）著名的放鬆療法，其步驟如下：請選擇一個詞彙，如「平靜」、「合一」，或任何對你有意義的句子。接著以舒服的姿勢坐好，閉上眼睛，放鬆全身的肌肉。緩慢而自在地吸氣。吐氣時，請持續複誦你所選的詞彙或語句。將注意力集中在呼吸、放鬆，以及你所使用的放鬆詞語上。試著忽略干擾你思緒的想法，尤其是不要理會充滿憂慮的念頭。倘若它們打亂了你，保持放鬆與不回應。請進行這樣的放鬆療法十到二十分鐘，一天一至兩次。

為了永久控制焦慮，重點還是……

再一次強調，每當你想要跳脫焦慮迴圈，你有各式各樣

的認知分心方法可以利用。只要專注於令人愉快或需要投入的事物，你會發現自己很難分神擔心。儘管如此，轉移焦點並不是治療焦慮的靈丹妙藥，因為這很難幫助你改變引發焦慮的**思維**。你很有可能在放鬆行為結束後，又重拾焦慮。

因此，為了永久性地控制焦慮、而非受到控制，一定要使用本書的其他方法，尤其是強烈且堅定地駁斥那些引起你焦慮與恐慌的主要非理性信念。

Chapter 11
重新架構法：問題，
眞的是問題嗎？

只要認真運用REBT，即使是面對生命中的大不幸，

你也不會感到毀滅性的恐懼。

就跟許多人一樣，你之所以會變得非常焦慮，主要是因為你誤解或過分誇大了情緒障礙ABC中的A（逆境）。比方說，由於墜機事件是如此引人注目且難以預料，所以你認為飛機非常危險。然而，每年因飛機失事而死亡的人數不到300人，但每年卻有4萬人因為車禍喪生。不過，反而有更多人在搭飛機時陷入恐慌，搭汽車時卻不會。

　　同樣的，很少人因為談感情遭拒而死亡或受傷（儘管確實有傻瓜為情自殺）。但卻有很多人為此感到焦慮，而不是去擔心金錢或工作上的損失。這是因為他們誤以為，「現在，我最愛的人棄我而去，我**永遠**都找不到真愛了！」

　　不過，我們可以審視、重新思考那些引發焦慮的誇大思維、誤解和歸因謬誤（false attribution）。接著，重新架構（reframing）既有的認知。

害怕批評案例：批評我，就是瞧不起我！

　　我的REBT案主瑪麗蓮，總「認為」只要其他人皺眉或笑，就是在嘲笑她或對她不滿。她認為這是很可怕的逆境（A），結果（C）就是她非常焦慮。當然，這個世界上有太多原因導致人們皺眉或笑，很多也與她無關。但她太擔心惹來批評，所以「認為」其他人的一舉一動，都是在抨擊她，

因此過著長期焦慮的生活。

我最開始，先讓瑪麗蓮明白，即便別人**確實**在批評她，她也不是因為他們的批評（A），才感到極度焦慮（C）。相反的，問題在於她的信念（B）：「我**絕對不能**被其他人批評！倘若受到批評，就意味著他們瞧不起我，認為我是沒用的笨蛋，他們還會對其他人議論我。太**可怕**了！我**承受不了**這樣的批評！」

在幫助瑪麗蓮發現並駁斥（D）非理性信念（IB）時，我還讓她學習到，該如何檢查並重新架構逆境（A）。那些皺眉或笑著的人，真的是因為**她**才出現那些表情嗎？有沒有更大的可能，他們的行為其實與她無關？還有，**皺**眉或笑真的意味著人們鄙視她嗎？

經過反思後，瑪麗蓮很快就發現，大多數人皺眉或笑時，其實與她無關。有些人甚至是因為喜歡她，因此在她說笑話時笑出來，認為她很風趣。透過重新詮釋人們皺眉或笑的原因，再加上駁斥非理性信念（認為受到批評很可怕），瑪麗蓮的焦慮減輕了許多。

壞事真的存在，還是自己過分誇大了？

你也可以檢查生活中的逆境，確認它們是真的存在，還

是只是你的想像或過分誇大。透過REBT，你能看到**真正**的逆境（包括更嚴峻的事件），把它當作**挑戰**而不是**恐懼**。因此，你可以將失業看成找到更好工作、接受進修以獲得更佳職涯發展的**機會**。你可以將「可怕的」分手，視為進入下一段戀情、找到比前任更適合的對象的機會。

總之，只要認真運用REBT，即使是面對生命中的大不幸，如罹癌或近親過世，你也會看成是令人傷心的事，但不會感到毀滅性的恐懼。如此一來，你就能為那些折騰人的情況做好最壞打算，堅強面對，過著稱得上快樂的人生。

事實上，你能給自己的最棒禮物，就是接受嚴峻逆境所帶來的**挑戰**。即便憾事發生，你仍能保持積極，這正是最佳的態度。

Chapter 12
如何「不焦慮」地
解決問題？

首先，該停止自己不切實際的要求，
不再恐慌後，就能學到如何更有效地解決問題。

一旦遇上一連串的現實問題與生活壓力，卻又無法找到應付或解決辦法時，焦慮往往會擊潰並控制住你。當你告訴自己，**必須**找到快速、簡單或徹底的解決方案，你就會感到恐慌。相反的，你對找出一勞永逸的解決方案的**要求**愈低，以及愈能冷靜尋找潛在解方，並能從容嘗試，直到找出可行的方法，你就愈不會感覺到嚴重的焦慮。

　　REBT也能運用有效的問題解決法，來幫助你。一般而言，該療法首先會讓你知道，該停止自己不切實際的要求，像是必須找出快速且完美的解決方案。接著，當你不再感到恐慌後，就能學到如何更有效地解決問題。REBT能教你如何有效解決問題嗎？沒錯，萬一你在解決問題或做決定時遇到麻煩，它能讓你學會許多商業與組織管理也在用的解決規則和技巧。

個人決策焦慮案例：私生活，一定要完美！

　　讓我跟你聊聊曼尼的故事。他的零售事業經營得有聲有色，做決策也相當果斷。說到底，這些決定涉及到的只是錢變多或變少，就算他此刻賠了一點錢，他也有信心明天就把虧損補回來。一切都沒問題！

　　然而，在個人生活上，曼尼吃足了苦頭。他認為自己**絕**

對必須找到對的妻子，將孩子送進最棒的學校，照顧好年邁的雙親，讓他們維持在絕佳的健康狀態並永遠活下去，以及成為朋友中最受歡迎的人。倘若沒能達成以上任一目標，他就會覺得失去地位，別人也會看不起自己，並認為他是白痴或蛆蟲。無論他在工作上有多麼能幹，也不管有多少人因此尊敬他，曼尼焦慮著個人能力。

根據你從REBT中所學到的，你或許已經發現曼尼的私領域困境，源自於他堅持**絕對必須**做到他認為對的事，否則就是徹底的失敗者。倘若他在私生活上做出愚蠢或錯誤的決定，那麼他的事業再成功都不重要了。在曼尼進行REBT時，我幫助他明白自己無法確保一切成功，尤其是私人生活。因為人際關係在極大層面上，不僅取決於他付出了什麼，還要看對方的回應。而他自然無權決定別人如何反應。因此，即便他對朋友非常好，對方仍有可能討厭他，批評他。同樣的，他可以為孩子選擇「正確」的大學，但他們仍可以拒絕做功課並輟學。因此，對曼尼來說，倚重他人「良好」的反應，只是徒勞。

讓自己像商業人士一樣解決問題

曼尼運用REBT來駁斥非理性信念，並克服了大部分焦

慮，不再苦惱於解決個人生活問題。接著，我告訴他，儘管他憑本能地知道，該如何解決實際商業問題，但他沒有將這些方法系統化。我測試了某些他為了做出更好商業決策，所使用的問題解決流程。之後，我指出這些方法，也適用於解決個人問題。

同樣的，你也能運用我展示給曼尼看的問題解決流程，去制定商業、個人等生活中的決策。許多認知行為心理學家，包括唐納・梅欽鮑姆（Donald Meichenbaum）、傑洛德・史派瓦克（G. Spivack）和梅納・舒爾（M. Shure）、湯瑪士・德祖里拉（Thomas D'Zurilla）、亞瑟與克里斯汀娜・納祖（Arthur and Christina Nezu），也一直在倡導這個方法。流程簡化如下：

- 分析問題情況。找出顯而易見的解決辦法，並思考落實上有何困難。
- 思考數種解決方案，同時也想一想替代方案。
- 先在腦海中演練不同的解決方案。倘若情況許可，實際行動。
- 審視每一項可能的解決方案，評估是否可行，以及該方法是否比其他答案更好。
- 尋找更棒與新的解決方案，即便你已經找到似乎可行

的方法。

- 堅信至少有方法是可行的。持續尋找替代方案，不要輕易放棄。

- 將令人困擾的情況或壓力源，定義為「有機會解決的問題」。

- 設下可以解決或減少問題的務實目標。

- 想像其他人會如何解決問題。

- 審視你正在考慮的解決方案的優缺點。

- 想到可能可以解決問題的策略或方法時，在腦中進行演練。

- 嘗試看似最佳的解決方案，審視結果。

- 即便是優秀的解決方案，也要預期可能失敗或有缺點。

- 就算沒能找到合適的解決方法，也要祝賀並獎勵自己進行嘗試。

Chapter 13
解決焦慮的靈丹妙藥：
無條件自我接納

一旦你能控制自我、不再替自己打分數，
就能大大減少對失敗或否定的焦慮。

如同我在本書中不斷重複的，你可以輕易找出並駁斥那些令人焦慮的非理性信念。但要是只是理智上進行駁斥，或是草率以待，你或許很難放下非理性信念。這是因為你產生理性信念時，還是會冒出非理性信念。因此，你可能淡淡地想，「我不**需要**擅長運動，就算我體育不好，仍舊是不錯的人。」與此同時，卻又**強烈**相信，「假如我真的不擅長運動，我就是笨拙且軟弱的人！」倘若如此，那個較強烈且頑固的信念往往會勝出，即便你心中**同時**還有微弱的理性信念。更糟的是，即使刻意抱持理性信念，還是會不自覺地萌生非理性信念。很讓人困惑，不是嗎？

事實上，一旦無法駁斥非理性信念、不能扭轉為理性偏好，REBT會假設你還存在著強烈的潛在非理性信念（你可能有察覺到，或是沒有察覺）。因此，REBT囊括了許多情緒治療（emotive-evocative）和體驗法，幫助你解決並改變非理性信念。本章介紹了REBT中，主要且強而有力的情緒方法，但它不能用來取代前文提到的認知方法，而是要交互運用。

繼古老的亞洲哲學家思想（尤其是釋迦牟尼與老子），和基督教的「接納罪人，但不接納罪行」，以及馬丁・海德格（Martin Heidegger）、沙特、馬丁・布伯（Martin Buber）、維克多・弗蘭克（Viktor Frankl）和卡爾・羅傑斯（Carl

Rogers）提出的存在主義後，現在，REBT要幫助大家學會無條件自我接納。這與傳統的有條件自我接納或自尊，是非常不同的。正如字面所言，有條件的自尊指的是，只有在表現優異且獲得重要他人認可時，才能尊敬自己。如同知名社會學家喬治・賀伯特・米德（George Herbert Mead）所指出的，你對自己的評價，主要取決於他人對你的評價。

但在多數情況下，這種信念不會帶來好的成果。第一，身為會犯錯的人類，你經常會出錯。第二，即便你在很重要的任務中，表現優異，許多人還是會因為其他原因討厭你。第三，即便你**今天**表現超棒、幾乎所有人都很愛你，那麼**明天**呢？沒錯，有條件的自尊總是很薄弱。這會導致更多的焦慮，以及更容易感覺自己很無用，遠比生活所帶來的無價值感更強烈。

存在主義版的無條件自我接納

為了克服有條件自尊的陷阱，REBT會強調無條件自我接納。你可以透過兩大方法，來獲取這種人生觀。第一，你可以採取存在主義的立場，說服自己，「就如同所有人一樣，我是有目標和選擇的人。**無論**我是否表現出色，也**不管**我是否受他人認可，只要我還活著，作為全體人類的一員，

且算是獨一無二的，我就能**選擇**無條件接受自己。我**偏好**成功實現目標，也**傾向**獲得他人的認可。但我身而為人的價值，並不是**取決於**成就或讚許，而是來自於我**選擇**活著，並決定成為與眾不同的人。」

存在主義版的無條件自我接納，非常穩當，且幾乎一定有效果。畢竟，只要你還活著，就會是人群的一分子，也會是獨一無二的。因此，只要你**僅**以此來接納自己，你就能界定（或決定）自己是「好人」或「壞人」。乾淨俐落，不是嗎？因為三大不爭的事實（而不是其他事情）：你活著、身而為人，而且獨一無二，所以你能夠自我接納，不會輕易動搖。只要你還活著，就能接受自己。

可惜的是，存在主義對於人類價值的解答，無論在哲學與科學上，都存在爭議。本質上你認為，「我是好人，因為我是人、活著且是獨一無二的個體。」但哲學家或科學家或許會反駁，「是的，我明白你是一個人、活著且獨一無二。這些是事實，幾乎沒有任何矛盾。但身為一個人、活著且獨一無二，與你個人價值實在沒什麼關係。你將身而為人的價值，定義為好的，但你也可以界定成不好或中性的。你無法證明『人性讓你為善』這樣的道理，是正確或錯。你可以**選擇**相信它，但也能相信對立面，即你是不好的，因為你身而為人且活著，所以是壞人。這類**定義**無法實際成立。」

因此，「因為身而為人，所以是『好人』」，是無法證明、也無法推翻的道理。或許你可以證明，自己是「好人」的存在主義式定義，是很務實的。而且，比起把自己定位成「不好不壞」或「壞人」，前者一定能取得更好的結果。但我們無法證明這是真理或「事實」，它只是有成效而已。因此，還是要說，這是有問題的命題。

REBT 的無條件自我接納

REBT 提供了第二種方法，以達到無條件自我接納。這個方法不武斷，也不用自己下定義。在使用這個方法時，首先，你需要設定目標，像是：活在當下、過得開心（少點痛苦、多點快樂）。接著，你**根據這些目標**來評估自己的想法、感受和行為。因此，你估量「我是有價值的人，值得活著並享福」的想法為「好的」，因為該想法能幫助你活下去、享受生活。而你評估「我是無價值的人，只能遭受折磨並死掉」的想法為「不好的」，因為該想法有違你的目標。同樣的，你認為「達成任務很快樂」的感受是「好的」，而任務失敗不開心為「壞的」，因為這樣的思維模式能幫助你獲得快樂。同樣的，你認為克制自己不要暴飲暴食是「好的」，放縱地大吃大喝為「壞的」，因為這樣的行為能幫助

你活下去，且維持良好的健康。

　　換言之，要是你的想法、感受與行為，有助於達成目標，那就可以評為「好的」。相反的，萬一會妨礙目標，那就是「壞的」。這些評價能使你根據自己選擇的目標與願望，來活在這個世上，並快樂地生活。倘若你希望過得悲慘且快點死掉，那麼你對每項想法、感受與行為的評價，就會是剛好相反的「好」與「壞」。

　　所以說，你對想法、情緒與行為的評價，能幫助你實現基本目標。因此，它們是有用或實用的「好」。提醒一下，這些評價本身並沒有好或壞，全取決於你的目標和目的。你選擇這些目標，也可以在想要的時候進行改變。但只要你還懷有這些目標，你就可以依此評斷你做的每一件事為「好」或「壞」。若它們能幫助你達成目標，就是「好的」；要是會阻礙目標，就是「壞的」。這是你看待事物的方式，而你有權利這麼去看待事物，只要你不以他人的看法，來堅持自己的想法、感受或行為是「好」或「壞」（因為其他人可能有非常不一樣的目標與價值觀）。

　　聽起來簡單明瞭。但困難的地方來了，這也是多數人覺得很難做到且維持的部分。要說出「有助於達成目標的行為是好的。一旦它們會妨礙目標，那就是壞的」很容易。但因為你是人，受生理與成長背景所影響，你可能會發現很難抗

拒給自己打分數。如同所有人，你更相信，「一旦我的行為舉止是無效或不好的，我就是不好的人」，以及「只要我的行為舉止是有效且好的，我就是好人」。但這會讓你在做出自認為好或不好的事情時，去評斷自我、影響自我認同、評論自己是大好還是大壞的人。

語言學家阿爾弗雷德・柯日布斯基（Alfred Korzybski）在1933年的了不起著作《科學與健全》（*Science and Sanity*）中，指出此點。跟多數人一樣，我們用不同面向（如文化、生理、個人經歷）來定義自己（I's of identity），並將個人**作為**等同於人的**本質**。這是一連串的錯誤，因為是不精確的過度概括。日常生活中，你會做100萬件事，有些是好的（有助於達成目標），也有不好的（妨礙目標）。你是非常多變、不一致且易於犯錯的人類。你選好一個目標，卻又經常拖自己後腿。或者，決定不要做某件事，但又常常破戒。因此，顯而易見的，你不能根據做或沒做的事，來評斷自己、你的本質，以及你這個人。人有很多面向，有千變萬化的人格特質，很難單以「好人」或「壞人」區分。儘管如此，你卻一再得到這樣的結論，並在表現不佳時譴責自己，表現良好時讚美自己。如柯日布斯基所言，在這樣的模式下，你變得「精神錯亂」，個人與社會成就都不理想。

同樣的，如同柯日布斯基和許多心理語言學家所觀察到

的，似乎是人性使然，我們傾向於將想法轉變成語言。然而，語言本身（儘管與其他動物的原始語言相比，人類的語言有許多優點），卻往往讓人感到困惑，並因此陷入困境。這創造了凱文・費茲茅理斯（Kevin FitzMaurice）所謂的思維產物（thought-things），也就是僅憑單純的想法，來創造事物。因此，一旦表現良好，你就會認為：「這個行為能幫助我，所以我認為是好的。」你忘記是你的思維，將該行為**定義**為好的，反而誤以為，「這個行為（物），是好的（思維）。」而你這樣定義時，你只是看到確實存在的東西（你的行為），是良善的。

在解決替自己打分數的問題上，REBT傾向於鼓勵你，在設定好想要達成的目標後，依此來評斷自身的想法、感受和行為是好的（有效）或壞的（無效）。但接著，REBT會要你立刻停下來，對自己說：「這個行為對我的目的而言，是好的（如果我不去做，就是不好的）。但我拒絕因為做了這件事（或沒做），去給自己全面、**概括性**或整體的評分。根據我的選擇，該行為或許是好的，但我不會因為做了這件事就成為好人。相反的，從我的希望來看，這麼做或許是不好的，但我也不會因為做這件事就成了壞人。」

表面來看，這似乎只是對自己做出一個簡單的決定，但請試著始終如一！一般而言，你知道自己的目標，也知道行

為是否有助於實現目標，因此在判定個人想法、感受或行為是「好」或「壞」上，不會遇到太大問題。但一旦你評估自己的行為是「好」或「壞」之後，你往往會跟著人類本能，同樣去替自己（整個人）打分數。這件事很難踩煞車！而且，在長久的演化下，「打分數」的行為已深深內建在人類體內，幾乎所有人類社會與文化，都鼓勵這樣做。父母、老師、童話、故事、電影、電視節目等，強烈鼓吹擊退獅子、贏得公主、在美式足球冠軍賽中達陣得分、對母親孝順的主角，是在做好的事情。與此同時，這些「媒體」也斷定主角為「好人」，用概括的角度，鼓勵我們以他為榜樣。相反的，要是主角對父母親說出無禮的話、對白馬王子抱有敵意、在學校表現很差，媒體就會堅稱主角無疑是「爛人」。我們自然而然會將特定行為，概括成整體性格。此外，社會也逼著我們這麼做。

那該如何停止這致命的荒唐舉止？REBT認為，理想上，人們最好盡一切可能，只為自己的想法、感受和行為打分數，並根據自身目標、目的與期望來審視個人行為，看看能否讓我們得到更多想要的，避開不想要的。REBT也進一步提出，大家最好拒絕為自己打整體分數。畢竟，我們永遠都不會是好或壞的人，只是會做好或壞的事。再一次強調：所謂的好壞，是根據自己的願望、目標和價值觀來判斷。倘

若能保持這樣的思路，就有更高的機率實現個人目標，也會意識到身分標籤的局限性、避免過度著眼單一面向的身分認同，而且不會對自身本質做出過度概括的評斷。

但要是戒不掉給自己打總分的習慣，無法只從行為本身來評判好壞，那不妨退回到存在主義解決方案。你只要用命令式的口吻，對自己說，「我是好人，因為我存在，因為我是人，因為我是獨一無二的個體。就是這樣，不用再多說了。」態度堅定地複誦這句話。雖然你不能用事實或憑經驗，來證明或推翻它。但這個想法確實行得通！

為什麼無條件自我接納（如同我在本書中不斷倡導的），對於控制焦慮、而非受其控制而言，非常重要？因為有條件的自我接納或有條件的自尊，會激發出最糟的焦慮情緒。事實上，讓人不適的焦慮感或挫折容忍力非常重要。只要失去其中一種，人就不可能活得長久。作為生物有機體，我們一生要經歷無數危險，像是意外、疾病、遭他人攻擊、被動物攻擊、仇恨和戰爭。因此，為了生存，你必須小心謹慎。此外，與大象、犀牛等皮膚很厚的動物相比，皮膚如此單薄的我們，更要額外小心與謹慎。

為了自我保護，大自然在你的體內植入了不少的過分憂慮與過度小心。因此，出過一次車禍的人，可能短時間（甚至一輩子），都不開車了。要是曾在凌晨兩點的漆黑街道上

遭受攻擊，你可能之後都會避免在晚上（甚至白天）出門。演化是讓物種得以存活，而不是追求存活之餘，也要快樂。生存最適者，往往也意味著最謹慎、最容易受到驚嚇者。

因此，這種讓人感到不適的焦慮，是生命保護機制。它迫使你減少冒險的機會，避開痛苦，維持安全。很多時候，它鼓勵你採取最安全、小心的做法，你也因此過得非常拘束且相對無趣。但至少你活著。

然而，最糟糕的焦慮，往往不是源自於對外在的過度關注，而是對自我的過度關注。當你極其害怕將重要的事物搞砸，別人也會因此否定你，焦慮就出現了。

而解決此種常見的自我焦慮、或潛在自我貶抑的最佳良藥，就是（你猜猜看！）無條件自我接納。一旦你能控制自我、不再替自己打分數，就能大大減少對失敗或否定的焦慮。

自我焦慮案例：我一定要做到最好！

以莉塔為例。我是在REBT治療過程中首度見到她，她很漂亮、聰明、幹練，保險銷售的業績非常出色。她是全公司最年輕的銷售員，且無疑是最厲害的。她每年至少能拿到25萬美金的佣金，並和帥氣的經濟系教授訂婚，且對方還

是數間大型企業的管理顧問，而她自己更是空手道黑帶。但她在社交方面異常焦慮，部分原因在於，她的未婚夫總是與傑出的學者及業界人士往來，那些人非常能幹、博覽群書，對任何事物都能侃侃而談。但莉塔只有大專學歷，且從事的職業（業務）與未婚夫同事的成就相比，根本微不足道。她很確信那些人看不起自己，她也很害怕在他們面前說錯話。她想像對方肯定瞧不起自己。

莉塔不太會因為不安而感到焦慮，她願意接手其他人避之唯恐不及的問題或苦頭，不在乎很長的工作時數，而在空手道課上也不畏挑戰，勇敢地與同組的男學員進行對抗。但她承受不了批評，每當她替保險客戶做的判斷出錯，或在未婚夫同事面前說錯話，她都會狠狠地批判自己。

一開始，莉塔在無條件自我接納的原則上，與我出現小小分歧。她的銷售職涯與空手道表現之所以出色，絕大部分是因為她強力督促自己全力以赴。而她也因此總是比大部分的競爭對手（無論男女），表現得更亮眼。她因此認為成就非常重要，只有當一個人的表現能超過其他有能力且有才華的人，這個人才是好的。儘管我同意她說的，成就在人生中非常重要（倘若你判定這很重要），且出色的表現也能讓你獲得許多好處（如金錢回報），但我堅持這與個人價值毫無關係，除非你誤以為兩者有關。為什麼說是錯誤的想法？因

為以莉塔的情況為例，即便她在許多重要領域取得成功，她依然害怕將來沒辦法維持成就。此外，在她表現並不出色的領域（如學術研究），她對**自己**出現了嚴重的焦慮感。但這些感受並非只因**表現**而起，她因此陷入極端的焦慮中。

我必須說，我非常擅長說服別人放棄有條件自我接納的觀念，因為我總是對他們說，這種想法行不通，除非他們能變得完美，且終其一生都必須這麼完美。作為會犯錯的人類，即便是他們一開始最擅長的領域，總還是有可能出錯。但再一次，我沒能成功說服莉塔，因為她在幾件事上真的非常厲害，且很少退縮。但我成功讓她明白，即便她永遠都表現得這麼出色，迫切渴望他人認可還是行不通。因為其他人很容易出於嫉妒，無端批評她，只因為她表現得太好了。舉例來說，有幾位保險銷售員就不喜歡她，因為她比他們都強。空手道課堂上的幾名男學員也不喜歡她，因為她贏過他們。某些女性（包括她的幾位朋友），則因為她的美貌嫉妒她。無論她怎麼做，她不可能贏得那些人的心。我不斷分析勸說，一開始，先是讓莉塔明白，出色不一定總能獲得掌聲。而且她的優勢也可能會帶來不利影響，在她與才能不如自己的人相處時，惹來問題。

接著，我向莉塔解釋，為什麼即便她表現如此出色，其他人還是可能因為某些原因否定她。舉例來說，他們或許就

是不喜歡她這類型的長相。或者，他們可能因為宗教或種族原因，對她抱有偏見。或是，他們是幾乎誰都不喜歡的憤怒者。

最後，我終於說服莉塔她那完美主義哲學（所有人都喜歡她做的每件事），永遠不可能實現。而且她也比一般女性獲得更多的尊重和稱讚。儘管如此，她還是會為「這些尊敬與欣賞無法永久」感到焦慮。事實上，她比那些才華或外貌不如自己的女性還要焦慮。

在莉塔放棄對社會認可的迫切需求後，她的表現焦慮大幅減輕了。她閱讀了幾本我的書籍：《理性生活指南》、《控制憤怒》和《心理治療的理性與情緒》（ *Reason and Emotion in Psychotherapy* ），還有一本我的宣傳冊《心理治療與人的價值》（ *Psychotherapy and the Value of a Human* ）。這些內容幫助她消除了完美主義下，對成就的需求。她終於「得道」了，她在最後療程中說道：「我突然開竅了。我發現所有關於好與壞的定義，都是基於個人的選擇，而我們也能做出截然不同的選擇。這些全都跟你說的一樣，只是自己給的定義。即便在為自己的表現打分數時，我們也是根據選擇出來的目標（像是在課程中拿到A），再依照是否達成目標來替自己評分。其他人或許會毫不猶豫地將目標訂在A$^+$或B，那麼他們對自己表現打的分數，就會跟我們非常不一樣。所

以說，我們選擇目標，再依此替自己的行為打分數。接著，我們再根據這個表現的評分，選擇替自己打一個整體分數。但這個整體評價完全取決於個人的定義，而我們大可以選擇不這麼做。雖然如同你說的，我們有強烈的傾向去這麼做，而我們也確實做了。多麼愚蠢，多麼愚昧！至少，我再也不會這樣了。我仍會繼續評價自己的表現，但我會非常努力地停止評價自己。我根本**不需要**這麼做，現在我明白這個行為對自己造成的傷害。所以，我會盡最大努力去避免。我明白，我不可能每一次都成功，但這種行為絕對會比過去少很多。絕對！」

　　莉塔完全照自己所說的去做。她大幅減少替自己打分數的行為，一旦這個行為又出現，她會再次停下來。她努力律己，並從我見過的最糟自我評價者，變成最少去評判自我的人。她完全明白獲得他人認同的需求，以及為了證明自己是「好或壞的人」而力求完美，會造成多麼可怕的後果。她成了經常會做出好或壞行為（幫助或妨礙達成目標）的人，但不太會去替自己打分數。

　　倘若你也希望做到這點，你可以依循莉塔獲得無條件自我接納的過程。再一次強調，你可以武斷地去評論自己是「好人」或「有價值的人」，只因為你存在、你是人類且獨一無二。但你也可以採取莉塔那更為優雅的方式，很少替自

己打整體分數。你只是在不給出一個過度概括的總體分數下，接受了自己的存在，你的人性，以及獨特性。

這麼做，能減輕你心中許多焦慮。你仍然可能繼續擔心受傷、生病或謀殺，也還是會因為焦慮感到不適，但你的表現焦慮與認同焦慮將大幅消失。你仍然會（我希望）繼續在要緊的任務上努力表現，去贏得重要人士的尊敬。因為這麼做，能讓你更有可能實現願望，承受較少的挫折。但**願望**不等同於**迫切需求**。完全不同。一旦不需要成功與認可（但仍積極明確地追求），就能大幅消除你對肯定、對保證、對證明自己身而為人價值的需求。試試看！

Chapter 14
控制怒氣的法寶：
無條件接納他人

我仍然會試著說服你做出改變。
但我不會浪費時間，因為恨你而擾亂自己的情緒。

人類是顯而易見的社會性動物，顯少能孑然一身而活。在你很健康時，往往能和其他人，包括家人、親戚、朋友、同學、鄰居、同事，相處良好。或許出生及成長的環境讓你自然而然社會化，而你的生存福祉在極大程度上，視你與其他人的關係而定。在嬰兒與幼童時期，你顯然需要其他人來照料你。邁入青少年與成人時期，你則能大部分靠自己。但也無法完全獨立生活，因為你可能很難種所有食物、自己蓋房子、織要穿的衣服，遑論一大堆能讓你舒舒服服地活著的事。老年後，你會失去一些自理能力，並因此比年輕時候，更需要其他人的幫忙。周遭的人除了幫助你繼續活下去、過得舒適且身心健全，還能帶給你歡樂。你絕對可以享受與他們交談、戀愛、做愛、工作、進行遊戲或運動賽事等各式各樣的社交活動。為什麼？因為你是人，而身為一個人，能擁有伴侶、性、愛並建立合作關係，絕對會讓生命更美好。融入這個人類大家庭，是你的生理本能。

　　有鑒於你的社交天性，與他人相處融洽並和某些人維持緊密的關係，絕對是更好的。雖然作為成年人，你僅需要最低限度的人際關係就能活。即便你是一名隱士，也能活下去。但更多時候，倘若你與其他人維持著友誼或關愛的關係，能讓你表現更好。你可以活得更有趣、更具創造力、更圓滿且快樂，而且也有助於減低你的焦慮。

如何在怒氣失控前，控制憤怒？

不幸的是，控制憤怒並不總是那麼容易。這個世界有形形色色的人，其中也有不少人對你很差勁、不公平且充滿怒氣。這些人或許是出於暴怒、憂鬱、悶悶不樂、困擾，甚至是精神病。他們可能認為自己有正當理由這麼對你。有些人欺騙或迫切傷害你，只因為想得到自己想要的，且完全不在乎你是否能得到你想要的。其他人則在找不到好理由的情況下，對你不好或妨礙你的目標。那麼，你該怎麼辦？

不湊巧的是，你也有你的憤怒傾向，無論是先天或後天的。你很可能對他們感到憤怒，甚至決定要報仇。但這麼做能替你帶來好處，或恢復他們對你造成的傷害嗎？不太可能！愛生愛，憤怒引發憤怒。倘若你感覺（無論對或錯）其他人無情利用你，你首先會批評他們的行為，並清楚告訴自己，你認為這麼做是錯的。其次，你往往會對他們做出整體的批判。這就是憤怒造成的後果：首先，反對其他人「不好」或「錯誤」的行為。接著，嚴厲譴責和咒罵對方。

換言之，如同你傾向於因為自己「不好」的想法、感受與行為，而給出以偏概全的評價，並譴責自我。一旦你認為他人舉止惡劣，你也會這樣評價及指責對方。你的錯誤在於，同時譴責罪行與犯錯的人，而這個舉動經常讓你陷入困

境。

　　首先，如同塔弗瑞與我在共同著作《控制憤怒》中提到的，你的憤怒、暴怒與狂怒，會對個人效率及健康產生負面影響。憤怒會刺激你針對不喜歡的人事物，採取行動，但也經常導致你在過於衝動、盲目且毫無效果的情況下，做出行動。當你對著討厭的人事物大發雷霆，你很難明確思考如何改變現況或讓情況消失。相反的，你在過度決絕、抓狂的情緒下，做出了差勁的選擇與無效的戰術，導致你經常無法有效地按照自己的想法，修正情況。情況經常因此變得更糟。

　　第二，憤怒往往會擾亂你的生理機制，引發一連串的身心問題，包括高血壓、頭痛、腸胃問題、肌肉疾病，甚至破壞免疫系統。後果可能不堪設想。在《控制憤怒》中，我用了一整章的篇幅，來描述憤怒造成的生理後果，你或許最好看一看。

　　第三，如同前文提到的，憤怒在大多數情況下，會引發爭吵、仇恨、戰爭，甚至是種族滅絕。在所有因人類情緒而起的惡行中，憤怒可以說是導致暴力、謀殺等各種壞事的主因。去看看每天的報紙與電視！

　　心理學家提出了許多方法來宣洩憤怒，但絕大多數的方法都令人存疑。心理分析師的宣洩理論與許多體驗治療取向的諮商師認為，倘若你透過大吼大叫或粉碎沙包，來切實地

釋放憤怒，就能避免自己真的造成傷害。但是我不同意。數百個實驗證明，你愈去表達自己的憤怒（無論是言語或肢體上），反而會愈生氣。其他心理學方法，則建議你對他人的攻擊採取被動、不抵抗的態度，這樣對方就會和善待你。然而，這種做法或許能讓一些人停止自己的舉動，但其他人只會利用你的被動，用更過分的方式傷害你。此外，你的被動與順從態度，只是暫時壓抑了沒被真正釋放出來的憤怒，你也因此變得更加生氣。

還有許多認知或肢體上的分心方法，像是冥想、瑜伽和漸進式肌肉放鬆。這些方法能處理你的憤怒嗎？是的，暫時可以，它們能引導你放下憤怒的情緒，進行放鬆。然而，你很有可能繼續保留那製造憤怒的思維模式，而這只會讓你下一次再遇到傷害時，**繼續腸胃翻攪**，血壓升高。

「接納罪人，但不接受罪行」

然而，如同REBT所說的，最容易觸怒你的狀況，絕大部分屬於思想上（philosophic）的。基本上，憤怒就是要人們絕對**不應該**、**不可以**用他們那卑鄙的方式，對待你的自我膨脹要求。因此，只要真心放下這樣的要求，你不僅能最小化內心對當下不公情況的憤怒，還可以做好心理建設，減少

未來突然暴怒的可能。當然了，人們還是會經常欺騙你、攻擊你，或不守承諾。因此，幾乎立刻的，你又會因為他們的行為而感到失望或不高興。但憤怒時，你往往從失望或不高興上升到暴怒，只因為你堅持讓你生氣的對方，一定不能表現出那樣的態度，也絕對不可以用那種方式做事。然而，讓你憤怒的原因，是你的自我膨脹堅持（認為他們應該行為「得體」且「恰當」），而不是他們的不好行為。

REBT展示了許多認知、情緒和行為上的方法，來阻止你掉入憤怒的思路中，並減少你再次暴怒的傾向。如同我之前所提過的，我用了一整本書的篇幅，來展示如何利用REBT的方法，在怒氣失控前，控制憤怒。下面幾段，我將呈現該書中相當重要的幾點論述。

將憤怒最小化的主要方法，就是學習並練習無條件接納他人（unconditional other-acceptance，UOA）的原則。如同我們所學的，無條件自我接納包含了徹底接受自我，同時承認並努力去改變既有的缺陷、失誤或錯誤。你清楚自己的錯誤，因你明白擁有這些錯誤也不會讓你陷入自責。你看見自己的行為在無端地折磨著別人，但你絕不會因為做出這樣的行為而責備自己。如同上一章所提，理想上，你只根據個人的目標和目的，去評估自己的思想、感受與行為或打分數，但你拒絕替整體人格打分數。假如你跳過了前一章，請立刻

翻回去，了解無條件自我接納的細節，以及你能如何達成。

本質上，無條件接納他人是將一樣的概念，運用到他者身上。沒錯，所有人，包括那些你不喜歡、待你或其他人很差勁的人。用最簡單的話來解釋，就是接納罪人，但不接受罪行。因此，當人們用邪惡、不道德或惡劣的行為對待你（與其他人），你去觀察他們的想法、情緒與行為，暫時評斷為「不恰當」且「錯誤」，但極力避免打整體分數，或替對方貼上不好、壞或無能的標籤。

這件事並不容易。作為在社會團體中長大的人類，你早就學到什麼叫「好」、什麼叫「不好」的行為，而你通常也依照自己所學到的，來評價這些行為。因此，你認為偷竊、不忠、懶惰、說謊等特質是「壞的」，與之相反的特質則是「好的」。

這樣沒有什麼問題，而且說實在的，能帶來極大好處。因為，倘若你能判定別人的不當與反社會行為是「壞」或「不好的」，且社會群體中的多數人也是這樣想，那麼或許能鼓勵、幫助並教導那些行為不當者，變得更道德。換句話說，讓你不要因為這些行為，嚴厲撻伐對方。

無條件接納他人或許不是消滅所有憤怒、衝突、謀殺、仇恨與戰爭的方法，但它在解決這些非常困難的人類困境上，確實有顯著的幫助。因為，一旦你願意在不接受他人的

某些行為下接納對方，且不去堅持對方絕對不可以犯下更不恰當、更糟糕的行為後，你往往能維持冷靜，也能更理性地去思考他們的行為是否為絕對的錯誤或不正當。

　　舉例來看，假如你很確定某人騙了你的錢，那根據無條件接納他人，你會去批評這個錯誤行為，但不會因此暴怒。相反的，你只會感到失望。接著，在健康的負面情緒下，你會去思考她是不是**真的**欺騙你，或只是她算錯了。或者，你也能去猜測她為什麼要這樣做（例如她的孩子生病了，需要接受昂貴的醫藥治療）。再想想她能如何彌補你。如此一來，你會冷靜下來，並有能力去看清一些事，至少能對她的行為多一些理解。然後，你就更有機會勸她修正自己的行為，達成妥協，以防她成為你終身的敵人，並幫助她改變自己，如此一來她就不會去欺騙他人。在面對不合理的待遇時，無條件接納他人和寬恕感，能讓你表現出更冷靜、理性的態度，從而鼓勵對方停止對你及其他人的不公行為。

　　無條件接納他人，除了能幫助你處理怒氣外，是否也有助於緩解焦慮？答案是，確實有。當你對其他人非常憤怒，你往往會因為幾件事而焦慮：一、你對他們行為的判斷真的正確嗎？二、你對他們是否過於嚴厲？三、你的怒氣是否會失控，並做出愚蠢的行為？四、惹你生氣的人會不會反過來，對你感到憤怒，並用偏激行為來傷害你？五、你是不是

性格卑劣、苛刻，因為放縱自己暴怒而應該被譴責的人？

如同我在本書中所展示的，你的焦慮經常源自於對自我的貶抑，其中包括了無能為力的感受。但它也經常源自於對他人人格的貶低，而不僅僅是去批評對方的不當行為。因此，在這一方面，焦慮與憤怒有極大的相似之處。換句話說，一旦你沉溺於焦慮，你同樣也沉浸於憤怒。而當你耽溺於憤怒中，你經常也鼓勵自己沉淪在焦慮裡。這兩種感受都出自於我們以偏概全的想法，認為其他人絕對不應該做錯。一旦他們出錯，就應該批評得體無完膚。有時候，人們稱自我貶抑為「對自己憤怒」，稱憤怒為「對他人的貶抑」。這兩種感覺在思路上相互交織。倘若你確實有譴責自己與他人的傾向，你最好避開這兩種具破壞性的情緒。

憤怒與社交焦慮案例：這樣才是真男人！

馬丁不怎麼想去控制自己的憤怒。他覺得自己很有道理，且這麼做帶給他許多好處。他是一名有錢製造商的保鑣，而他之所以能保有這份工作，主要是因為他的老闆儘管在工作時態度強硬，卻非常害怕肢體衝突。馬丁與其他兩名全天候的警衛一起工作，以確保製造商在進行粗暴的工會協商時，不會遇到任何攻擊。馬丁在東哈林區的街頭長大，13

歲就成為幫派的小頭目，也曾經當職業拳擊手一段時間，可謂無所畏懼（至少在肢體上）。然而，在情感上，他有非常嚴重的社交焦慮，尤其害怕女性發現自己有輕微的口吃而且非常害羞。因此，儘管他身高一米九、英俊、擅長跳舞而且聰明，他卻幾乎沒和女性約會過，並深深厭惡無法像同性友人那樣、順利與女性交往的自己。

最初，馬丁在無條件自我接納方面出現問題。他成長的家庭與街頭環境特別強調能力與成就，尤其在身體素質方面。由於年紀輕輕就擔任幫派領袖，之後又成為職業拳擊手，他總是因為自己那魁梧、健壯且經常發怒的特質，贏得別人的尊敬與認可。他很有主見，也隨時準備好用拳頭來說服別人。因此，他的男性朋友都很尊敬他，幾乎任他差遣。這也是為什麼他認為生氣對他來說，利大於弊。

一開始，我在跟馬丁解釋REBT中的無條件自我接納概念時，遇到問題。他在理智上掌握了這個概念，卻沒有實踐的意願。他憑著自己的體格優勢，從他人那裡獲得了非常多的認可，似乎根本不缺自我接納。他同時還照顧著貧困且教育程度低的父母，以及因為車禍失去一條手臂、非常需要別人幫助的妹妹席維亞。因此，他認為自己是不錯的兒子與兄長，並因為這些行為給予自己不低的有條件自尊。

我很快就讓馬丁明白到，他對女性產生的社交焦慮，已

經掩蓋了他從其他地方所獲得的自尊。而他作為男人的價值，最初是奠基在他的體格素質上，這在一定程度上確實有效。但接著，他將自己的價值建立在「無法與女性流暢交談，只要她們在場時就會不自在」的情況上。這無法帶給他任何好處，每當女性出現他就開始恐慌，甚至對方都還沒拒絕他，馬丁就已經無法繼續約會下去。因此，他認為自己是徹底的失敗者，繼續為社交感到焦慮。

我首先幫助馬丁了解，就連他在男性面前所抱持的自信，其實也是有高度附帶條件的。這建立在他那優於常人的體能。尊敬他的人，都是跟他同類的人。我幫助他去理解，倘若他個頭很小且孱弱，或即便他身材魁梧卻不擅長用拳頭馴服其他男性，那麼他很快就會瞧不起自己，覺得自己弱小。他尊敬自己的原因，就跟其他男性敬重他的原因一樣，源自於他的身體力量。沒有這個，他就什麼都沒有了。

我向馬丁解釋，在他那個獨特的圈子裡，因為敢於挺身而出、並與意見嚴重分歧者大打出手而獲得尊重，沒有任何問題。他在這方面的自信沒有問題。但他**身而為人**的價值，不應該以特定能力為基礎（就像他現在做的那樣）。儘管力氣讓他成為自己與其他人眼中的「真男人」，但在其他重要「男子氣概」領域上的缺失，如缺乏與女性相處的能力，卻讓他變成了輸家。倘若他將身而為人的價值建立在單一重要

領域的才能上，那麼他也有可能在其他關鍵的「男子氣概」場域上，變成缺乏能力的弱者。他必須具備所有能力，才能成為「好人」。

真正讓馬丁吃驚的，是當我解釋照顧雙親與手足，在常規社會標準中，確實是優秀的特質。但同樣的，這也不能讓他成為「好人」，不過是在特定方面表現得很出色的人而已。根據他的成就標準，要成為好人，就必須在**所有**方面都要好。這根本不可能！

之後，我嘗試去處理他的另一個「優點」，像是他喜歡用憤怒來恫嚇別人。而我也終於取得進展，幫助他無條件接納自己，欣賞個人優勢，但不要將個人價值建立在這些優點上。馬丁對於自己年輕時，就敢起身反抗幫派內的最大敵手阿爾弗多，且對阿爾弗多那偷雞摸狗、卑劣的手段無所畏懼，他感到相當自豪。阿爾弗多跟馬丁不一樣，不會為自己認為對的事情挺身而出，也不會用行動跟拳頭來支持自己的言論。相反的，阿爾弗多與那些年長的組織犯罪人物混得很熟，並利用對方的權力來讓自己變得有權勢。有必要的時候，阿爾弗多也會用謊言與欺騙，來換得對方的幫助。

阿爾弗多依舊留在東哈林區，從事毒品交易與非法勾當。而馬丁在成為拳擊手之後，就斷了與幫派的所有關係，改邪歸正，並搬到曼哈頓中城。但他還是會回去拜訪老鄰居

與朋友，並經常與阿爾弗多起爭執，警告對方不要占當地弱小者的便宜，其中也包括了馬丁的朋友。

　　其中有一次，馬丁攔下阿爾弗多，阻止他繼續利用馬丁的朋友東尼。馬丁和阿爾弗多爆發肢體衝突，盛怒下的馬丁警告阿爾弗多，如果再以任何手段來煩東尼，他就要對他不客氣了。塊頭實際上比馬丁高一點、個子也魁梧一點的阿爾弗多，最初還起身對抗馬丁，但接著又流露出畏懼的樣子並退縮了。馬丁對於自己終於大勝那隻「卑鄙的鼠輩」，感到無比自豪。

　　我明白，在保護朋友東尼不受阿爾弗多騷擾一事上，馬丁或許確實做了一件好事。但我同時也指出，馬丁一直很討厭阿爾弗多這個人，不只是他因為做那些謀財害命的事。我指出，阿爾弗多有許多嚴重的問題。像是：他向那些位高權重的流氓卑躬屈膝，以換取脆弱的庇護。還有，他也不像馬丁那樣，勇於說出想法，並為個人信念而戰。相反的，阿爾弗多拋棄了守法的價值觀，採取罪犯的行為與態度。儘管他的行為讓人搖頭，但他是易於犯錯的人，是人類天性及惡劣環境下的受害者，沒有必要徹底嫌惡他。事實上，阿爾弗多利用偏激、恐嚇的方式，來對付比自己弱小的人，再利用與權勢者的權力關係，控制對方。倘若馬丁也利用自己的體格和憤怒來威嚇阿爾弗多，並讓阿爾弗多乖乖聽話，那麼馬丁

也是在利用威嚇戰術，試著讓阿爾弗多覺得自己如同蛆蟲，以便利用阿爾弗多的軟弱（就某種程度而言）。阿爾弗多恐嚇東尼的行為是不好的，可以出於正義去阻止。但馬丁威嚇阿爾弗多的行為也有相似的不公義之處，絕不如馬丁所想得那樣美好。

　　要說服馬丁並不容易。我很難讓馬丁了解，他對阿爾弗多的憤怒，並不是純粹的善，更會造成實質傷害。畢竟，這對阿爾弗多不公平，因為馬丁不僅是指責阿爾弗多的特定行為，而強力否定了他這個人。當然，這對馬丁也不公平，因為他做出有問題的行為，無法成為大英雄。他對阿爾弗多的譴責，幾乎如同所有對人類行為的譴責，並不準確，且在某些層面上甚至有害。因此，我建議他不要執著於自己的憤怒。

　　後來，我的堅持總算獲得回報。馬丁終於明白，因為阿爾弗多的錯誤行徑去譴責他，無論在道德或正確性上，都站不住腳。馬丁表示自己會再努力。

　　而他確實努力了。他徹底思考了一番，並在幾週後，得到結論。針對阿爾弗多一直試著騷擾東尼的情況，他與阿爾弗多約好碰面。碰面時，可以清楚看見阿爾弗多的畏懼，因為他認為馬丁肯定會跟過去一樣，為他嘗試控制東尼的舉動對他拳腳相向、威嚇他。但馬丁收起了好鬥與威脅的姿態，

只是解釋說，他不喜歡阿爾弗多那樣對待東尼，而且他也認為那種行為是錯誤的。但他決定不去譴責阿爾弗多的行為，只是在不帶怒氣的情況下，試著說服對方，解釋對方的舉動為什麼不對。馬丁說，「我知道，你認為自己的行為是對的，儘管我認為你不正當地恐嚇東尼。不可能我們兩個都對，而我會假設我是對的。好了，那麼你就是錯的。我會接受這點，但我也同時會接受你是易於犯錯的人，且擁有犯錯權利。因此，我認為你的行為是錯的，並試著讓你改變，但我不會再像長久以來的那樣，去譴責你。如同我說的，你認為自己是對的，而你也有權利這麼想。雖然我認為這是錯的，但要尊重彼此有不同意見的權利。即便你如我所料，故技重施，繼續騷擾東尼，我仍然會試著說服你做出改變。但我不會浪費時間，因為恨你而擾亂自己的情緒。如同《聖經》說的，我會用最大的努力，去明白就東尼的角度而言，你有罪，但接受你，接納有罪的你。因此，我會放下對你的仇恨，並盡最大的努力，只去痛恨你的行為。」

毫不誇張地說，聽到馬丁這一番言論，阿爾弗多大為震驚。尤其是看到馬丁沒有發怒，不像過去一樣，總是因為兩人有所分歧而劍拔弩張。於是，阿爾弗多也承認他確實對東尼太苛刻，並會好好思索自己對待東尼的行為。在出乎預料的友好與樂於合作的氛圍下，馬丁和阿爾弗多的談話結束

了。

　　這無疑為馬丁本人帶來了奇蹟。告別阿爾弗多後，馬丁
回想著談話內容，生平第一次對阿爾弗多出現了親切與寬容
的心。他認為阿爾弗多是一個尤其混亂的人，因此可以預期
他的行為就是一團亂。事實上，馬丁還有點同情阿爾弗多
（為他的本性以及他那糟糕的成長環境）。馬丁鬆了很大的
一口氣，終於放下了自青少年以來，一直對阿爾弗多抱持的
好鬥與對立態度。

　　更棒的是，馬丁認真思考了自己的一切，以及他對自己
的不寬容。馬丁發現，基本上他就是用詆毀阿爾弗多的同樣
思路，去譴責自我，而這些一樣不是真實的。馬丁確實做了
愚蠢、不對的事，他也必須為此負責。那些是錯的，他也不
打算找藉口。但馬丁是容易犯錯的人，在餘生中仍會繼續做
傻事與錯事。當然，不是一直出包，而是不時會犯錯。倘若
他能原諒阿爾弗多對東尼等人所做的顯而易見壞勾當，那麼
他當然也能原諒犯錯的自己！

　　因此，馬丁在因為惡劣行徑而譴責人們方面，有了確實
的改變。首先，他努力去接納做出威嚇行為的阿爾弗多。接
著，部分出於前者的進展，他盡力去接納自我，以及自己不
端的行為。而態度與行為上的一個改變，順理成章地引導出
另一個改變，而第二個改變又反過來強化前者。此外，隨著

馬丁不再因為在女性面前感到害羞及沒有自信，而貶抑自己後，他終於能正視並解決害羞的問題。

　　同樣的，你也可以如馬丁那樣，做出這般了不起的雙重改變，先去改變思維與情緒，再根據思維與情緒去行動。首先，REBT告訴我們，人類就是人類。他們很容易犯錯。在人的一生中，會做出許多傷害自己與其他人的事。但要努力去原諒他們，儘管不一定要原諒其行為。倘若需要，譴責後者，但絕對不要去譴責前者。接受他們的錯誤行為（或你認為的錯誤行為），再盡最大努力幫助他們改變。即便你失敗了，也請原諒犯錯的他們，但不要因為對方的行為去譴責他們整個人。

　　與此同時，請根據你的標準，承認自己的失誤、錯誤和不道德行為。不過要注意，你可以認為它們是錯誤的，但不要因為做了這些事，就認為自己是壞人。倘若你能竭盡所能地不再因為他人／自己的錯誤，而發出譴責，那這兩種接納思維——對他人與自己的全然接納，往往會相得益彰。當然，如同前文所提，盡量不去指責自己與他人，無法阻止你心中不時出現的極端焦慮，但確實能減少因譴責而產生的焦慮心理。而這可是很大一部分的焦慮來源！

Chapter 15
用「想像力」對付恐慌：
理情心像

讓自己去感受真實的焦慮，甚至是恐慌。

然後，努力去改變自身情緒。

我在本書中不斷強調，當你達到無條件自我接納，同時也實踐無條件接納他人後，你就能大大降低不必要的焦慮。儘管如此，絕大多數不必要的焦慮，都是源自於你過度擔心自己犯錯，太害怕得不到別人認可，以及想確保其他人還是會認可你。因此，在你能無條件地接納自我與他人後，此類焦慮就會得到解決。

　　如同我提過的，第三種焦慮主因，則是不適焦慮。你希望能確保自己不會置身於險境，或非常渴望的事物不會被剝奪。而這又可以稱為事件焦慮（event-concern）或世界焦慮（world-concern）。你不僅強烈希望事情如你期待的發展，讓你得到想要的。同時還要求一定要這樣，並堅持那些你幾乎無法控制的情況，絕對必須如你的意，或一定不能違背你的想法。

　　倘若你將無條件接納他人的邏輯，推導到極致，其中也包括了無條件接納情況（condition-acceptance）。換言之，你還是可以期望事情如你心意，但也能接受天不從人願（事實上，事件常常往反方向發展）。你因此能在不樂見的事情發生時，務實地接受，拒絕抱怨或大吵大鬧，而是盡力去改變現況（倘若有轉圜餘地），優雅地接受它們。

　　現在，你已經了解焦慮的三大來源，並懂得克服：一、你接受自身錯誤與失敗所帶來的不愉快。二、你也接受別人

妨礙你達成目標，因而得到不想要結果時的挫折。三、你終於接受阻擋在你目標前的障礙物。你瞧，還有什麼事情能讓你超級焦慮？很少！

當然，這是REBT的目標：不去改變你的欲望與目標，而是說服你不再要求一定要滿足渴望，不管是對自己、他人或世界。你當然可以保有自己的願望、偏好與欲望，但不過分膨脹個人需求，除非你情願處在不必要的焦慮中。

由於你的絕對需求導致了焦慮，因此REBT強烈建議你駁斥、質疑與挑戰它們，將其重新調整回偏好。為了做到這一點且堅定地付諸實踐，REBT也教你其他幾種強而有力的情感方法，如同下面故事所示。

1968年，小馬西·馬爾茲比（Maxie C. Maultsby Jr.）曾跟隨我學習。而在這之前的數個禮拜，他也去向著名的行為治療師約瑟夫·渥爾普（Joseph Wolpe）求教。他告訴我，他從渥爾普身上學到幾項有用的方法與療程，但他在觀看我進行的個人與團體治療，以及參加固定每週五舉辦的工作坊以後，他對我所採用的方法，尤其是駁斥非理性信念上，更為滿意。他回到威斯康辛州麥迪遜市的曼多塔州立醫院，擔任精神病學的住院醫師，並成為REBT治療師。而身為一名富創造力的人，他所開創的理情心像（rational emotive imagery，REI），是REBT中最有效的一種情緒方法。

在進行理情心像時，首先要想像可能遇上的最糟事情，像是重大的失敗或遭拒受挫。接著，沉浸地想像自己經歷這「可怕的」逆境時，所出現的感受。通常，你很快就會感到焦慮、抑鬱、自我厭惡或自憐。

恐慌失敗的案例：我一定不能誤診！

讓我們假設你就跟瑪莉安一樣，只要一想到自己在醫學治療中沒能幫到病人，並因此遭病人、甚至醫院同事嚴厲批判，就會焦慮到不行。在想像自己誤診，導致患者病情惡化後，瑪莉安陷入徹底恐慌。

我讓瑪莉安進行理情心像，她想像自己診治失敗，遭到病患嚴厲批評時，她感覺胃部翻攪，渾身顫抖。「很好！」我說，「妳已經實實在在地感受到了焦慮。現在，盡量去體會，用心去感受，讓自己盡可能地焦慮和恐慌！」

瑪莉安覺得非常焦慮，事實上，根本嚇壞了。「很好！」我又說。「現在，保持這個讓妳焦慮的情景。妳確實沒能給病患良好的診治，而她的情況變得愈來愈糟了，病患與所有人都在批評妳那拙劣的診斷。現在，在同一個場景下，讓自己只去感受因為妳的錯誤診斷與治療，而產生的最大歉意。只有極端的歉意與失望，沒有焦慮。沒錯，沒有焦

慮或恐慌，只有歉意與失望。」

　　在改變情緒上，瑪莉安掙扎了一陣子，花了兩分鐘左右才做到。她終於開口，「我現在感覺非常抱歉與失望，但不會焦慮。」

　　「很好！」我說。「妳怎麼做到的？針對誤診，妳如何只對病患感到失望與抱歉，而沒有焦慮與恐慌？」

　　「我想像她對我非常生氣，並跟其他醫生說我對她不好，也跟她的親朋好友抱怨我的治療很差勁。但我對自己說，『這真的很遺憾。我毫無疑問地搞砸了，而我也非常抱歉。但現在我知道自己何以診斷錯誤，導致她接受錯誤的治療，我會從經驗中記取教訓，完全改變我的診斷，用非常不同的方式去治療她。犯下這個錯確實很糟。但這並不會讓我成為壞醫生或壞人，只是一個真的犯了錯，並最好趕快改正的人。』」

　　「非常棒！」我說。「這樣的理性信念真的能奏效。妳會感到抱歉與失望，但不會驚慌失措或自我貶抑。現在，我要妳在接下來的至少30天內，每天都進行理情心像。首先，想像最糟的情況，讓自己不由自主地感到震驚與恐慌。接著，改變妳的非理性信念（妳不是好人，病患和其他人也都這樣看妳），把它調整成妳現在所擁有的理性信念，以及之後會慢慢浮現的理性信念。每天都進行，一天至少一次，

直到妳能為自己的行為自然感受到歉意與失望，而不是恐慌或驚懼。隨著妳這樣去訓練自己，就能真心相信腦中的理性信念，摒棄非理性信念，並真正地將恐慌感受，**轉變成極大**的失望與歉意。如此一來，妳能設法改變感受，不用再忍受失控的焦慮。所以，每天花幾分鐘來進行這項練習，直到妳能真正控制住焦慮。」

瑪莉安聽從了我的理情心像建議，並在15天內，為誤診行為自然而然地感受到失望與抱歉，而不是恐慌與驚懼。同樣的，當你因為關係、性、學校、工作、運動，甚至是任何事情而感到焦慮，你也可以運用理情心像。

首先，找出引發焦慮的最主要非理性信念——你的絕對必須、應該與必要。接著，利用本書中所列出來的實證型、邏輯型與務實型駁斥方法，進行駁斥，直到你獲得有效的新哲學觀（E）。再來，為了鞏固這一切，利用理情心像，去想像一件最常讓你陷入焦慮的事。讓自己去感受真實的焦慮，甚至是恐慌。然後，努力改變自身情緒，從焦慮轉變成擔憂、小心、謹慎、抱歉、後悔、失望等健康的負面情緒。

要做到這點，你需要將非理性要求轉變成健康的偏好，亦即：表現優異並／或得到他人肯定確實很棒，但絕不是必要的。然後，連續10天、20天或30天，定期練習，直到你能自發性地感受到健康的負面情緒，而不是不健康的焦慮與

恐慌。請訓練自己做到這一點，從而應付那些讓你最為焦慮的事物。

Chapter 16
以「荒唐」打擊焦慮：
克服羞愧感練習

只要你認為這個行為很羞恥，
其他人也認為這麼做的你很奇怪，那它就是有效的。

1955年，我開始向案主使用REBT後，我很快就發現，羞恥是許多人類煩惱的根源。一旦人們因為自己的想法、言談、感受或行為而感到羞愧，其內心的想法幾乎都是，「我做錯事情了，其他人會因此批評和看扁我。」然而，這種自我陳述不一定總會讓人萌生羞愧、尷尬或丟臉的感受，因為你也可以這樣想，「是的，我確實做了荒謬、愚蠢或不道德的事。沒錯，許多發現我做這件事的人，會說我**不應該這麼做**，並因為我的行為嚴厲譴責我，但我仍不需太認真看待，或同意他們說我是可恥、差勁的人。或許我做的事情，根本也沒那麼糟。也許人們對我的批評過於嚴苛。身為易於犯錯的人類，本來就不該期待我每次都做對。因此，我會從這次錯誤中學習，不再犯下同樣的錯，那麼人們就會重拾對我的尊重。但即便他們仍舊認為犯過錯的我不好，我沒有**必要**認同他們，**同時**貶低自己。我可以原諒自己的錯，並盡最大努力，減少未來犯錯的可能。」

倘若你犯了錯並遭到其他人批評後，產生的思維如上，你會感到抱歉與後悔，並下定決定未來一定要做得更好。但你不太可能會感到羞愧與自我厭惡。然而，要是你因為個人錯誤而覺得丟臉且尷尬，你給自己的訊息是：「是的，我做出很不適當的舉動，人們叫我要注意是對的。他們因為我的過錯而貶低我，也是對的。我**不應該**那麼做，因為那是錯

的。我尤其不應該做出那樣的行為，讓其他人受傷害或不開心。我應該接受他人的責備，並指責自己做出那樣的事。我真的是糟糕透頂的人！」

那麼，羞愧感會讓你承認錯誤，並認為許多人也會因此譴責、貶低你，而他們對你行為的批判是**對的**，認為你不是好人的想法也是**正確的**。羞恥感使你意識到，身而為人的你所犯下的罪惡與錯誤。多數時候，羞恥就如同你一切劣根性的同義詞。感到羞愧不僅意味著你犯了錯，更要你接受其他批評者的言論。因此，做出這件事的你，**就是**低級的人。許多時候，檢討自己的想法、感受和行為或許是對的。但羞愧感會讓你因為犯下錯誤而譴責自我。

當然，REBT能讓你學會停止這樣的行為。另一方面，REBT也認同，要是你因為自己的行為而感到羞愧，你恐怕真的犯了違反社會價值的事情。畢竟，人類的行為受標準、規定與法律約束，而你違背了準則，甚至傷害到其他人。這也是為什麼要制定規則，以防有人去傷害其他社會成員。因此，REBT告訴你，一旦你因為某些事而感到羞愧，你或許真的違反了社會規範，並做出錯誤或不道德的行為。

但REBT同樣也告訴你，你因為個人行為而感到羞愧是不合理的，畢竟這會讓你貶抑自我，甚至貶低你的人格本質。你會認為，「他們認為**我行為**不端的看法是正確的，就

連他們認為『做出這件事的我是個廢物』的評論，也是對的。我就是無用的爛人。他們**應該**因為我的行為譴責我。我也同意自己不是好人！」

REBT會引導你不去質疑自己的行為（即便它可能是錯誤的），而是去思考做出這樣舉動的你，到底是不是可恥、可怕的**人**。而關於這個問題，它提出了一個通用、幾乎是不變的答案：即便你真的做了可怕且不道德的事、你的行為也毫無疑問地傷害到其他人，但因此冠上「壞人」標籤，仍舊是錯誤的。即便在最極端的例子裡，某人因為你造成的傷害而失去性命，REBT會指出，就所有道德標準而言，行為本身是錯誤且不道德的，但你仍舊是**做出惡劣行為的人**，而不是**壞人**。

當然，我們可以對此爭論不休，並提出假如你跟希特勒或史達林一樣，犯下難以估算的不道德行徑，害數百萬人喪命，那麼你絕對是壞到骨子裡的人。許多人會同意這個論點，並認為再怎麼批評你都不為過。然而，事實上，我們幾乎無法去證明希特勒或史達林的整體、他們的本質，徹底腐敗。畢竟，別忘了，他們的一生中，還是有做過好事。此外，他們**認為**自己做的惡事，事實上是好事。倘若他們活得夠久，他們甚至可能改變自己的行為，轉而促進人類福祉。或許最重要的一點是，他們是情緒不安的人，出生與成長的

環境讓他們成為容易犯錯的個體，我們不能期待他們的行為總是和善與美好。

當然，你跟希特勒或史達林差得遠了，也不太可能做出跟他們一樣的行為。是的，你確實經常犯錯，也做了某些傷到他人、愚蠢的行為。我們不要為這些行為找藉口，去說它們是對的、適當或正確的。但倘若我們因為你犯的錯去譴責你整個人，要怎能幫助你變得更好？倘若你是一無是處、無用、邪惡的人，這樣想的我們，有辦法幫你改善此刻或未來的行為嗎？很難！

同理也適用於「羞愧」上。倘若你真的做了不恰當的事，人們因為你的行為感到憤怒，嚴厲批評做出這樣傻事或壞事的你。但他們對你這個人的譴責，加上你接受他們的譴責，會讓你變得更好嗎？在某些情況下，或許會。如果人們譴責你，你也指責自己做出這樣令人不齒的行為，你就有可能認真思考他們的批評，下定決心去改變。但他們以及你對自己的譴責，很有可能讓你輕易地以為，「我真的壞透了，像我這樣的人怎麼可能改變向善？倘若我只是**做**得不夠好，那我還可以改。但如果我**就是**一個**犯了錯**的毫無希望罪人，**我還怎麼可能改善自己**？」

REBT指出，羞愧與自我譴責，確實有些價值，但其造成的傷害往往比好處多。倘若你只是對個人**行為**感到羞愧，

並認為自己的**舉動**不太恰當，這或許能激勵你改變自身行為。但倘若你因為自己做了愚蠢且傷害他人的事，而徹底貶低**自我**，要是你因為個人**行為**而撻伐**自己**，你實際上只是對自己投了不信任票，妨礙自己變得更好。假如你強烈地感受到羞愧感，最好只是出於你犯下錯誤或有害行為，不要對**你這個人**或你的**人格**感到羞恥。

這與你的焦慮有關嗎？非常有關！焦慮時，你經常為自己可能要做的事、正在做的事或已經做的事，感到羞恥。你認為該行為是錯誤、失誤、愚蠢或不適當的。多數時候，你可能還會認為自己是可怕的人，導致你陷入焦慮。一開始，你會為丟臉的行為（例如出糗），感到焦慮，擔心別人因此批評你。你經常糾結著，「噢，那樣太可怕了！我真的是**醜態百出**！我永遠不可能忍受那樣的行為，也永遠無法自在地出現在那些人面前。」你因此煩惱著可能發生的事，而許多時候，你因為擔心而心煩意亂，導致你讓那「羞恥」的錯誤發生。

同樣的，要是你出了洋相，像是褲子拉鍊沒拉或內褲露出來，你實在太羞愧了，導致很難即時改正。即便在修正後，你還在想，「我很肯定大家都看到了！他們會怎麼想我？我真是白痴！我還有可能再獲得他們的好感嗎？」

除此之外，很有可能好幾年前，你做出了一件「羞恥」

的事，像是在和伴侶做愛時忘記拉窗簾，導致外面的人都能看到你在做什麼。多年後，你依然沉浸在那樣的「恐懼」中。你擔心到底有誰看到了。你放不下這件事。

那麼，羞恥本身就是你擔心著過去、此刻與未來的主要因素。此外，自我貶抑也總是與羞愧感如影隨形，導致了許多持續性的憂慮。比方說，你年輕時曾經偷過郵票、向伴侶求愛時對他／她撒謊，或最近有了外遇，如果別人發現了肯定會因此看輕你，你很有可能因為這些「羞恥」的行為而厭惡自我，並不斷找尋自己曾經做過的「羞恥」行為。接著，你判定自己是毫無是處、活得很心虛的人，也應該為自己連續犯下的「罪孽」受到懲罰。

然而，如同梭羅所言，最糟糕的莫過於無聲的絕望，多數人都深受其害。他們並沒有做任何「羞恥」的事，也不需要擔心或責備自己，他們只是抑制個人行為，嚴重窄化自己僅有一次的人生。

過度羞恥感的案例：我絕對不能丟人現眼！

以碧翠絲為例。青春期的她，自由奔放，無拘無束。她居住在鄰近紐約市的一個極為傳統社區，曾經做了許多父母與同學眼中的「羞恥」之事。她看上去有點像小男生，14

歲時就與另一個男孩發生熱烈的性行為。儘管她很聰明，總是不費吹灰之力就能跟上進階班的課程，但她卻對功課不聞不問。然而，15歲時，碧翠絲懷孕了，她那嚇壞的羅馬天主教父母，決定將她送進修道院學校。僥倖的是，她在懷胎4個月的時候流產了。在經歷了一段時間的產後抑鬱後，她回復正常，卻因為給自己與父母帶來了麻煩，走向另一個極端。她在學校變成非常勤於學習的學生，拒絕和任何對她有意思的男生約會，徹底戒掉抽菸和喝酒，過著如同修道院般的生活（倘若她的父母真如威脅所言，將她送進修道院學校，她的生活大約就是如此）。

在她27歲時，她因為嚴重的抑鬱而來找我。嚴格來說，她沒有遇到任何問題，因為她不做冒險的事。她對自己青少年時期那奔放（相對健康）的生活方式，感到羞恥。她是一名認真負責的幼兒園老師，放學後就回家聽一整個下午或整晚的古典音樂，過著異常壓抑又孤獨的生活。她那曾經因為她年少時期的奔放而震驚不已的父母，對於她現在如同隱士般的生活也同樣吃驚，一直鼓勵她至少重拾某部分的社交生活。但是沒辦法，她對於任何可能遭致批評的行為都深深感到羞恥，以至於她幾乎什麼都不做。最讓家人感到憂心的，就是這位聰明、有吸引力的女性，似乎不僅注定會孤單終老，甚至連一丁點兒社交生活都沒有。

換句話說，羞愧感已經讓這個或許曾經過度熱愛社交的少女，變成拒絕社交的生物。她確實不惹麻煩（畢竟她就跟雪一樣潔白無瑕），但她也過著壓抑、孤獨且憂鬱的生活。

　　我很快就發現碧翠絲的問題，在於想要成為一絲不苟的行善者（do-goodism）。除了班上的小孩子以外，她非常怕與別人扯上關係，惹上麻煩。此外，所有事情都讓她感到羞恥，像是穿著邋遢、話講不好、在社交場合舉止不當、交錯男朋友、會讓她再度懷孕的性行為。因此，她待在家裡，永無止盡地聽著音樂，甚至拒絕加入弦樂四重奏團，即使他們很欣賞碧翠絲出色的音樂才華，也想邀她入團。畢竟，登台演出意味著必須社交，但她可能在排練或公開表演中犯錯。要是真的出錯了，她會感到十分丟臉。

　　碧翠絲很快就了解我向她介紹的REBT原則，該原則也解釋了她那抑鬱與抑制的生活。儘管她一開始並不是個愛自我貶抑的人，但她逐漸長成了這樣。碧翠絲的命令非常清楚：「我絕對不可以做出丟臉、讓人批評的事。倘若我做了，我會知道自己行為不當，別人也會嚴厲譴責我並聯合排擠我，如同他們曾經做過的。為了阻止這可怕的事情發生，我必須謹慎行事，不做任何冒險的舉動，安穩過日子，就算這樣無法發揮潛能。我需要走一條安穩的路，而不是追求創造力或享樂。否則，我勢必會犯下可怕的錯誤，並覺得自己

是一無是處的人。這個可能性太可怕了！」

　　因此，碧翠絲選擇安分守己，還有抑鬱。她倒沒有因為自身過錯而太貶低自己，不過是確保自己不要犯錯罷了。為了避免任何可能的失誤，她選擇不上場打擊，也不跑壘。

　　碧翠絲同意（至少在理論上），REBT的主要原則之一：無論該錯誤行為是多麼愚蠢或邪惡，都不能讓你成為壞人。你的人格主體擁有許多面向，因此再邪惡的行為，也有可能被其他善行或中立行為沖淡。因此，身為一個人，你不能受到廣泛的總體分數定義。碧翠絲接受了，但她仍然認為自己可能做出許多「糟糕」或「羞恥」的行為。而且在多數情況下，它們都是不道德的行為，像是對別人不公平、說謊騙人或平白無故地傷人。因此，她告訴自己、也教導幼兒園的孩子，不能做這些事。而她依照REBT的思路，教導孩子們，如果真的犯了錯，要懂得原諒自己，再努力改正自身行為，畢竟人是易於犯錯的生物。

　　但她仍然無法原諒自己。倘若她的行為不當，她就是壞人。**她必須**表現良好，才能是「好人」。REBT可以用在她的學生與其他人身上，但放在她身上就不行。她必須做出正確的事，以得到自己和其他人的尊重。接納罪人而不是其罪行，這個道理只適用在她以外的人。她必須表現得更好。當然，在她那作繭自縛的生活模式下，她確實很好。

用牽繩溜香蕉……夠荒謬，就有效！

因此，儘管碧翠絲還是表現出強烈牴觸，我仍鼓勵她進行克服羞愧感練習。這個練習要你去想像一件對你及多數人來說，都是極為荒謬、愚蠢與丟臉的事。接著，你要刻意去做這件事，而且要在公開場合，同時努力不感到羞愧。你選擇一件自己通常不會做的事，那種其他人如果看到你在他們面前做，會覺得不可思議的事（但絕不能傷害其他人，或讓自己惹上麻煩）。比方說，在地鐵上喊出下一站的站名，或在電梯裡喊出當前樓層，然後要繼續待在那節車廂或電梯內。或者，奇裝異服，像是一腳穿黑色的鞋子，一腳穿棕色的。或是，你用牽繩遛一根香蕉，再餵它吃另一根香蕉！或者到鞋店裡詢問一項超市裡才有賣的商品。

只要你認為這個行為很羞恥（不能只是有趣的玩笑），其他人也認為這個行為很丟臉，並認為這麼做的你很奇怪，那麼這個行為就是有效的。然後，在眾目睽睽之下，你會因為自己做的傻事而感到丟臉，但你要努力克服羞恥感。重點是，讓自己為這樣的行為以及其他人的批評，感到抱歉與失望，而不是羞恥、尷尬或丟臉。

持續練習幾遍，你會發現幾件事情發生。首先，你會發現，想到要去做這件事、但還沒做的時候，心裡產生的焦慮

比你實際去做以後，更為強烈。想到自己因為那樣愚蠢的行為而遭人否定，就會讓你非常焦慮。有那麼一陣子，你或許會拖拖拉拉不做練習，因為它讓你焦慮到不行。接著，一旦你著手練習，你會覺得沒那麼焦慮了，因為你把精力都放在練習上，分散了你對焦慮的注意力。

其次，你會訝異地發現，人們根本很少注意到你正在進行的克服羞愧感練習。舉例來說，當你的其中一位治療師在風和日麗的10月天，用一條紅色狗繩在路上遛一根香蕉時，儘管有無數人看到她了，但許多人都立刻將視線移走。因為目睹她做這麼瘋狂的事，讓他們覺得尷尬！他們感覺到的羞恥比她還多。

第三，在你第一次進行這項練習時，你會感到尷尬。但只要堅持下去，會大大降低尷尬的感受。你開始習慣、甚至是享受這樣的行為。比如，我曾有一名害羞的案主，非常不情願地強迫自己到我們學院外面的街上，攔下一名路人並說，「我剛從精神病院出來。現在是幾月了？」儘管他遇到的第一名男性路人只是用驚恐的眼神望著他，接著趕緊離開，他還是發現自己真的能做到這件事，並在該週內又做了幾次。很快的，他變得一點都不覺得羞恥，還很享受。過了一陣子，他的害羞幾乎神奇地消失了。他度過了人生中，最不害羞的一週。在他進行這個練習20次後，他的尷尬徹底

消失了，並很高興自己能讓這麼多人嚇了一跳，卻一點都不感到羞恥。

最後，你往往會發現，在進行那荒唐的練習後，平常會冒出來的羞恥感顯著地減少了。因此，在進行克服羞愧感練習的期間，碧翠絲做了兩項她在日常生活中，絕對不會做的事。第一是，她在光天化日下，站在街上，扯開喉嚨大聲地唱著國歌。其次，她還在豔陽高照的日子裡，撐著一把黑色大傘走在街上，就好像很怕被雨淋濕一樣。一開始，做這兩件事讓她覺得很蠢，但她漸漸習慣去做這些事，也不會再感到丟臉了。透過這些練習，她不再感到羞恥，開始去做過去她會抑制自己去做、也已經很多年沒有做過的事。比方說，她打給已經很久沒碰面的前男友，邀請對方一起去跳舞。對方也接受了，兩人進行了一場愉快的約會。她持續邀約對方，兩人也進行了幾次美好的約會。這麼多年來，她第一次去了酒吧，替自己點了一、兩杯薑汁汽水調酒（她還是不敢直接喝一整杯的酒），並和陌生人聊天。

碧翠絲不再為這些行為感到羞恥。多年來，她都沒做過這些事。如今她再次投入到社交活動中，享受這些行為，不再過著隱士般的生活。她發現冒險不僅沒什麼，還很有趣。儘管她離社交高手還有段距離，但她也確實發展出一些人際關係，開始過著更正常的生活。她的父母對嶄新的碧翠絲極

為欣喜。

　　你也可以透過克服羞愧感練習，來戰勝焦慮與尷尬。無論你害怕的是人、公開演講，還是參與運動賽事，你可以找出非理性信念，然後進行駁斥。接著，如果你會感到恐懼，那麼透過REBT中的克服羞愧感練習，你會愈來愈能面對「恐懼」的事物，甚至樂在其中。你可以針對特定的焦慮來使用克服羞愧感練習，或用它來對付非理性信念。而練習的頻率愈高，你感受到的焦慮也愈低。正如前文所述，你甚至能開始享受那些此刻能讓你恐慌的事物。

Chapter 17
擊敗無用信念的
強大技巧

只要緊抓著這樣的念頭，就會繼續焦慮下去。
但你有絕佳的機會，去練習如何有力地駁斥非理性信念。

1943 年，29 歲的我成為心理治療師，當時的我經常會駁斥案主的非理性信念，協助他們化解焦慮。儘管我偏好以心理分析的方式，去了解他們的情緒為什麼紛亂，但我也發現（或許很多分析師也發現了），我的案主經常有自我挫敗的信念，只要他們緊抓著這樣的念頭、以為這樣的想法是合理的，他們就會繼續焦慮下去。

非理性的性焦慮與性無能

　　在我的專業治療師生涯中，我成為了解決他人性困擾的權威。我清楚發現，要是男性沒辦法滿足伴侶，或女性沒辦法被充分喚起情慾或達到高潮，經常是因為他們有著錯誤的性觀念，且對此深信不疑，導致他們出現性焦慮與恐懼。舉例來說，男性經常以為必須輕易且快速地勃起，或一定要和女性發生性關係。或是，在性交的時候必須持久（從十分鐘到一小時），而且必須想辦法讓伴侶達到高潮。倘若他們在任一重要面向上太弱或不足，就會變得無能。而其伴侶勢必會嫌棄並拋棄他們，使其落入只能自慰或徹底禁慾的巨大恐懼中。當然，這也會「毫無疑問地證明」他們是弱者，永遠都不會成為他人眼中的「真男人」。因此，他們或許會因此放棄性，或運氣好的話，能遇到願意接受無性婚姻的女性。

至於女性，她們則經常認為必須在合適的伴侶（經常為男性）的親吻或愛撫下，快速興奮。或是，應該要很快就想跟對方性交，還必須徹底享受性愛。而且必須恰好地（比如，十分鐘以內）在性愛過程中達到高潮。在等個十分鐘後，她們必須再次渴望另一次性行為，且能夠在短時間內達到另一個美好的高潮（甚至是兩、三次）。如果她們無法立即感到興奮，也不能在性交過程中達到另一次驚人的高潮，她們就是不性感、有所不足的女人。而且餘生就會像一顆枯燥乾扁的梅子。運氣好的話，或許能遇到一個願意用她們身體來滿足自己需求的男性伴侶。有些時候，甚至能想辦法生出幾個小孩，但可悲地無法在性愛中達到高潮。就這樣吧。

　　在我發現有超級多的案主（無論男女），都對性、尤其是性行為，有著如此愚昧的觀念後，我設法強力挑戰他們的信念，並在幾次療程後，讓絕大多數案主能夠獲得性愉悅及性能力。我主要消除了他們認為「性等同於性交」的想法，並讓他們了解如何透過數種非性交方式，來讓自己與伴侶滿足。我甚至讓他們擁有更快樂的性交。我說服了他們，陰莖—陰道性交並非性行為的全部與終點，所有的性遊戲都值得稱讚。沒錯，我向他們解釋，任何形式的性都是可以的，即便是所謂的「變態」行為，像是先生與妻子不斷愛撫對方，使彼此達到高潮，和久久一次在性行為中達到高潮。

我是在哪裡學到性療程的技巧，讓我能在1943至1948年間，幫助無數位個案和夫妻？主要是受到性學家前輩的啟發，如哈夫洛克・靄理士（Havelock Ellis）、伊旺・布洛赫（Iwan Bloch）、奧古斯特・弗雷爾（August Forel）和洛比（W.F. Robie），全都是20世紀初活躍的學者，且多數人都是專精性治療的心理學家。很可惜，佛洛伊德及其追隨者，並不在這些性學家之列。事實上，他們讓醫學專業與接受其精神分析的患者誤入歧途，且不幸的是，和他們多數病患一樣，將性神聖化，強調性交技巧，而不是同時著重非性交與性交方式。佛洛依德與佛洛依德主義者錯了，並讓那些為性所苦惱的病患飽受其害。與此同時，我上述所提的性學家卻表現出色，取得許多成果。

　　1948年，也就是我以心理治療師和性治療師的身分執業5年後，阿爾弗雷德・金賽（Alfred Kinsey）及他的同事發表了研究，證實了我與早期性學家的觀點。這是人類史上頭一遭，針對數千名男性與女性進行調查，金賽讓大眾重新認識到非性交活動，而他的頭兩本研究作品——《男性性行為》（*Sexual Behavior in the Human Male*）與《女性性行為》（*Sexual Behavior in the Human Female*）中，也清楚闡述了這一點。他的作品支持了我多年來指導案主的觀點，以及我在《國際性學雜誌》（*The International Journal of Sexology*）

中的專業文章、以及大眾文章內的論點。而能得到金賽的科學研究支持，相當令人振奮。

接著，到了1960年代，美國性學家威廉·麥斯特（William Masters）和維吉尼亞·強森（Virginia Johnson），開始針對受試者的性生活進行實地觀察（其中也包括許多女性受試者），並發表了他們那革命性的著作《人類性反應》（*Human Sexual Response*）和《人類性功能障礙》（*Human Sexual Inadequacy*）。他們的研究再一次確認了早期性學家所指出的、以及金賽與其同事所發現的：男性與女性的性行為遠不僅止於性交，更包括所有種類的愛撫和非性交活動。事實上，高潮經常發生在非性交的情況下（尤其是女性），只有部分是出現在陰莖陰道性交的情況下。

與此同時，在金賽對男女性行為的重大發現後不久、在麥斯特與強森進行他們那知名的研究之前，就在1955年1月，REBT出現了。而且在性功能障礙理論上，REBT的解釋也比以往的性學家都來得更為具體。REBT的情緒障礙ABC，顯然完全適用在許多性功能障礙理論中，而REBT在1950年代開始推廣的認知、情緒與行為療法技巧，似乎也能用於治療許多性問題。

具體而言，REBT認為，一旦男性與女性的性障礙本質為心因性的時候（這些人經常也有身體與醫療問題），其情

況能完美適用ABC架構。因此，一位想要和伴侶擁有愉快性關係的男性，首先在A點（導火線事件）試著與她（或他）發生關係，並在C（結果）處遇到選擇——在取悅自己與對方上，是成功或失敗。倘若他在C點失敗了，不僅常是因為他有理性信念（RB），「我非常希望能成功，讓伴侶獲得極大的快樂」，同時還加上了非理性信念（IB），「我在性事上**絕對必須**成功。我必須擁有堅挺的勃起，並且維持一段時間，然後在我讓伴侶完全興奮起來並達到高潮期間，我要能持續猛烈地插入伴侶的陰道內。而她會要求我讓她獲得更多高潮，並瘋狂稱我是有史以來最棒的情人！讓自己與伴侶達到完全的高潮是**絕對必須**的，倘若我做不到，我就是性無能且根本算不上個男人！」

此類的非理性信念，會讓男性在從事性行為前感到焦慮，並將這份焦慮一直持續到事件進行中，讓他不斷暗中監視（spy，如同麥斯特和強森精確的描述）自己的陰莖器官是否「有效運作」，並在情況不如預期時，貶低自己。接著，一旦他下一次又要和同樣的女性（或男性）發生關係，他會變得前所未有地緊張，且變得更不容易勃起與持久。然後，他會出現強烈的表現焦慮！

至於一位很容易被伴侶挑起性慾，也很容易達到高潮的女性，其心理方面的性困擾ABC，經常如下。在A點上

（導火線事件），她希望能被伴侶挑起性慾，並讓自己與對象共同高潮。但在C點（結果），她沒能被挑起性慾，在一段時間後失去興致，覺得很難或根本無法高潮。或許是因為性交時的疼痛感，所以無法滿足戀人、也不能讓對方在性交中達到高潮。在B點，她先從理性信念（RB）開始，「性很美好，我很願意享受性，並讓伴侶樂在其中。」但她又添加了非理性信念（IB），「我**絕對必須**輕易地被伴侶挑起性慾，也**必須**出現至少一次很棒的高潮。除此之外，在他精力充沛地與我交配、試著讓我達到完美的高潮時，我必須完全享受他的陰莖強而有力地推送，並因此達到高潮。我也**必須**運用自己的舌頭、手及陰道，挑起他的性慾，並讓他獲得至少一次、理想上是數次，絕佳的高潮，讓他徹底愛上與我做愛，並追著我想要更多。倘若我沒能滿足彼此的性需求，我就是無能的女人，不配得到他人的愛。」

在男性與女性的性困擾方面，擁有許多版本的ABC，但大多數都與上述的思路大同小異。無論男女，雙方不僅都偏好「適當」的性行為（多半是指透過興致高昂的性交，帶來驚人的高潮或同時高潮），更會要求要做到這一點。然後，再因為有所要求，而陷入焦慮或恐慌，並因此經常無法進行性行為。儘管伴侶雙方都很愛對方，卻很少發生關係，或不享受性行為。有些時候，他們會去尋找其他伴侶，包括

那些自己比較不愛的對象。但更多時候，一旦他們在一個人面前失敗後，他們會帶著同樣的非理性信念去面對下一位伴侶、甚至是許多位伴侶，並再次嘗到失敗。儘管他們在生理上完全可以進行愉快的性行為，但他們卻可能沒什麼體驗過。

性恐慌案例：做不到，我就太失敗了！

如同你可能已經猜到的，REBT在治療兩性性困擾的第一步，就是找出個案特定的非理性信念，然後進行堅定而積極的駁斥。比方說，羅蘭是性慾很強的30歲男性，他能輕易地勃起，每天都會自慰一次、甚至兩次。任何一位能在性交後的一分鐘內達到高潮的女性，他幾乎都能接受。但倘若她需要兩分鐘或更久，就不行了。羅蘭在自慰時，幾乎用不到兩分鐘，而他跟很有魅力的女性（尤其是新對象）發生關係時，他因為過於興奮，一分鐘幾乎就是極限。接著，在他高潮後，他的陰莖會變得極端敏感，導致他必須立刻將陰莖從對方的陰道中抽走，而他必須花上另外三十至四十分鐘，才能再次勃起，但依舊僅能在性交中維持一分鐘或兩分鐘。他遇到的伴侶絕大多數一開始都深深被他吸引，但很快就因為性方面的困擾離開他。她們的失望、甚至是怨恨逐漸累

積，也因此經常不願意和他發生關係。其中一名女性，吉兒，她的性慾不高，也幾乎不曾因為任何一位男伴而達到高潮，但她願意繼續和羅蘭見面並發生關係，因為她喜歡羅蘭的陪伴。但他認為她太瘦，外觀也不性感，因此很少和她約會。

另一方面，羅蘭對蘿拉格外痴迷，她是很有魅力的女性，也很聰明，但她堅持只有一段能至少維持五分鐘的性交，才能讓她享受性愛。倘若他沒辦法勃起並維持這樣的時間，兩人就不適合。她很輕易就能找到其他能勃起十到十五分鐘的男伴，假如羅蘭不在這些男性之列，那就沒辦法了。儘管如此，在她知道羅蘭早洩的問題後，她還是給過一次機會。但面對她，羅蘭的情況變得更嚴重。他**必須**撐住，他就是**必須**撐住，才能讓她高興。因此，想當然了，他做不到，他在幾秒內就到了。她說，他們可以當朋友，就這樣，沒辦法更近一步了。

真的非常喜歡蘿拉的羅蘭，因為對方的拒絕非常沮喪。面對其他女性（尤其是特別迷人的），他總是異常焦慮。他不斷對自己說，「儘管我或許不是世界上最棒的情人，至少讓我當個平均值吧。我不過想要撐個兩到三分鐘。有些女性對這樣就很滿足了。但一定要再長個一分鐘！我**絕對**不能在這之前就到了！倘若早於這個時間，我就太失敗了。多數女

性根本沒辦法在一分鐘內高潮。那我就只能一直當個失敗者！」

為了實驗，我也教羅蘭試過數種放慢速度的方法。例如，我要他使用保險套，有時甚至是兩個，以降低他的性敏感。我也要他試試看含神經阻斷成分的路佩卡因那軟膏（Nupercainal cream）。此外，我要他在約會前先自慰射精一次，這樣他和伴侶準備發生關係時，他的性慾比較不會那麼高漲。但全都沒用。無論嘗試什麼機制，都緩解不了他因射精而引起的焦慮。由於他不斷暗中監視自己及陰莖的狀況，看看還能撐多久，導致他變得更快就到了。才剛放進去沒幾秒，他很快就射精了。

如同我所建議的，他確實可以用手指或舌頭讓蘿拉得到滿足，但她堅持羅蘭必須透過性交。因此，在同意了她的**必須**後，他變得更為焦慮。

因此，我設法讓羅蘭改變他的**應該**與**必須**信念。我要他一次又一次地詢問自己，「明明還有其他方法，為什麼我**必須**只用陰莖來讓女性獲得滿足？哪裡明文規定她**絕對必須**透過此種方式**達到高潮**？有哪些證據能證明我是無望的失敗者和軟弱的男人，只因為某些女性如蘿拉，執著於性交，並拒絕透過陰蒂愛撫或其他性接觸方式，來獲得滿足？為什麼我不能乾脆地接受自己是快速射精者，然後去找一位同樣聰明

漂亮、又能輕易接受這點的女性？為什麼我要迷戀於一個如同我自己那樣，將陰莖神化的女性？」

這些駁斥問題，幫助羅蘭清楚認知到自己的心理問題。他發現，假如不斷強制**要求**、而不是強烈**希望**延長陰莖陰道性交時間，他就會焦慮到根本不可能達成此一目標。這是顯而易見的事實。

儘管如此，羅蘭還是接受不了自己的性交缺陷。他特別喜歡蘿拉，他覺得自己**忍受不了**沒有她的日子。但他同時也要求要有其他的好選擇，像是能快速到達高潮、或偏好透過非陰道性交來高潮的女性。然而，他遇到這些女性時，她們卻也不如蘿拉，在某些重要特質上不能滿足羅蘭。因此，他在這些方面展現出低容忍度，並持續定義自己的性困擾為**糟糕**和**可怕**的，而不僅僅是非常**不便**而已。

後來，羅蘭開始稍微同意我的觀點（或者該說同意他自己的想法），認為自己在性交中不**需要**維持更久時間（儘管他高度**偏好**於此）。但他這稍稍的同意還是無法治癒自己的焦慮，所以我向他展示如何使用強而有力的駁斥方法。再一次重申，淡淡地駁斥的問題在於，你或許可以對自己說、如同羅蘭那樣，「我並不擅長性交的事，**實在沒有**那麼糟糕，只是有點困擾我。而且這件事對於定義我這個人而言，沒有任何關係。」但藏在這層理性思維底下，你很有可能依然強

烈對自己說著,「但這**真的**很糟糕!它**真的**讓我成為性無能者,根本稱不上是男人!」於是,你仍然非常焦慮。

四大情緒技巧,讓焦慮大幅消失

我教給羅蘭的第一種強力駁斥技巧,就是錄下自己的非理性信念及強烈駁斥它們。也就是讓他錄下自己的主要非理性信念——「在性交中,我**絕對必須**慢一點到,否則我所遇到的好伴侶如蘿拉等,最終都會拒絕我,而這也證明了我不是好的性伴侶和真男人!」我叫他錄下這段話,然後強烈駁斥數分鐘,好證明這樣的念頭確實非常不理性,所以他應該放棄。在錄下強烈駁斥的內容後,他要讓我及其他知道他性困擾的人,聆聽錄音帶內容,確認他的駁斥內容是否正確,以及他是否真的**堅定**且**強而有力**地進行駁斥,而不僅只是虛弱敷衍地講。

在他錄下的第一卷錄音帶中,羅蘭確實進行了相當不錯的駁斥。他的理性信念認為,沒有任何原因能解釋他為什麼**必須**在性交中放慢速度。雖然蘿拉確實可能因為他無法延長性交時間而離開他,但並不是所有好的伴侶都會如此。而且,倘若他無法慢一點到高潮,這也只能證明他對某些伴侶、而不是每一位伴侶來說,在性方面有所缺陷。這當然無

法印證「他不是真男人」。即便他無法滿足某些女性的性需求，他仍然是男人，是貨真價實的男子漢。

羅蘭的理性信念切中要害，但一開始，他只是淡淡地、被動地說著，內心也缺乏堅定的信念。因此，他又錄了另一捲錄音帶，講述同樣的非理性信念，並試著更強烈地駁斥。儘管他進步了一些，但仍舊沒能成功。最後，在第三次嘗試錄音時，他強而有力地駁斥了非理性信念，並得到更有說服力的有效新哲學觀（E）。聽了這捲錄音帶的我與他的友人，都認為他的駁斥非常有力。而且他也真的開始相信自己所說的。

我要羅蘭使用的第二種有力的情緒技巧，是角色扮演。在角色扮演中，羅蘭扮演自己，而知道他性困擾的女性友人，扮演蘿拉（那位因為性事而拒絕他的對象）。在角色扮演時，他試著說服「蘿拉」，性交並沒有什麼了不起。倘若她能多給他一點耐心，他或許能透過非陰道性交的方式來滿足她，之後或許就能延長射精時間，並在陰道性交中滿足她。扮演蘿拉的女性故意拒絕他的論點，不肯改變想法，也不願被羅蘭說服。他在角色扮演中，表現得非常出色，但他仍舊遭拒絕了。所以，他開始對自己的論點感到焦慮並遲疑。這時，如同REBT角色扮演中經常做的那樣，角色扮演者要停下來想：是什麼想法導致了焦慮？當時，他對自己

說，「這有什麼用？這個情況真叫人絕望！我根本不可能說服她。就像我根本不可能說服任何好的對象，跟我發生關係一樣。我最好乾脆忘掉這件事，放棄蘿拉，以及那些想要更長性交時間的女性。」

接著，針對角色扮演中所萌生的非理性信念，立即進行檢驗並強力駁斥後，羅蘭就能回到角色扮演中，繼續說服，儘管最後還是沒有成功說服扮演蘿拉的朋友。不過，即使說服不成，羅蘭並沒有像過去那樣，感到抑鬱與焦慮，而是出現了健康的遺憾與失望感受。

互換角色扮演，是我指導羅蘭進行的第三種強而有力情緒技巧。一位男性友人扮演帶著非理性信念、因而與蘿拉（或其他女性）性事不順的羅蘭，並在羅蘭試著說服他放棄的時候，堅守這些信念。無論羅蘭怎麼說服對方，這名角色扮演者都不能放棄羅蘭的非理性信念。因此，在此種角色對調的角色扮演中，羅蘭有絕佳的機會，去練習如何有力地駁斥自己（由朋友扮演）的非理性信念，並變得更能克服這些想法。

而堅決的理性因應的自我陳述，是我請羅蘭使用的第四種強力REBT情緒技巧。雖然羅蘭有辦法提出陳述，但他很難真心相信這些說法。

因此，我要他重複寫下幾段理性因應陳述，並不斷重

溫，直到他把這些話牢牢記住。而他所使用的有力、強烈，且似乎對他起了絕佳效果的理性因應陳述，節錄如下：「即便我無法克服早洩問題，也失去了蘿拉與其他要求延長性交時間的女性，我也**絕對、絕對不是**軟腳蝦或人生失敗者。我只是對**那些**女性來說，性能力比較不足，但不是**全世界**的女性都這樣認為。」「我真的很想延長性交的時間，這樣一來，我和女伴就能獲得更多享受的時光。但我**不是絕對一定要得到想要的**！我只是**偏好如此**罷了。沒錯，即便沒有完美的性生活，我也該死的**可以**過得很好。而我也下定決心要過得很好，無論我能不能延長射精時間。」

　　在多次運用這些強而有力的REBT情緒技巧後，羅蘭終於設法放棄想要延長性交時間的強烈要求。做到這點後，他的焦慮大幅消失，並且在短短幾個月後，他經常能在性交中，平均維持三到五分鐘。雖然不如他所期待的持久，但已經是非常顯著的進步。

Chapter 18
成爲「說服得了自己」 的人

和自己的理性信念爭論，
直到你看到並感覺自己真正接納理性信念。

我最好再次強調，你必須了解自己不安的情緒反應（如嚴重焦慮），很少是純粹的情緒反應，理解此點至關重要。一般所說的情緒，包含了你的想法、基於此想法所產生的情緒，以及根據此想法與情緒所產生的行為。因此，當你看待某些事物（像是持槍的男子）為「危險的」，並認為人身安危受到威脅，你會感覺焦慮，並很有可能不顧一切地逃跑、報警或採取其他自保的行動。因此，你的焦慮是感知、想法、情緒與行動的複雜混合物，而不是沒有參雜其他成分的純粹情緒。

　　情緒中有個非常重要的元素（尤其是感覺焦慮時），那就是對眼前危險所抱有的信念**強度**。因此，假設你看到一名持槍男子，而你相信那是玩具槍、或槍沒有上膛、或他把槍放在槍套中、或他看起來就是一名警察、或他正打算用槍保護你免受他人攻擊，你往往只會出現輕微的警覺或小心。畢竟，你的感知與想法還是有可能出錯，且那名持槍男子或許確實很危險。但是，假如那名持槍男子嚇壞你了，且看起來就要抓住你（儘管多數旁觀者不這樣想），你有可能徹底陷入恐慌，並在他攻擊你前（雖然他不見得會這麼做），反過來攻擊他。

　　你認為持槍男子很危險，正是這種**信念**使你感覺到輕度、中度或嚴重的焦慮，而不是該名男子和他的槍所決定

的。倘若你不認為他很危險，你可能只會出現一點點焦慮。要是你強烈認為他有害（即便沒有任何證據），你恐怕會極度焦慮。因此，決定你反應的，不僅是你對此人危險性的信念，更取決於你多堅信此信念。

如果想要在焦慮掌控自己前，就控制住焦慮，理解這點至關重要。你或許會理性告訴自己，那名持槍男子看上去像名警察、且似乎想要保護你不受傷害，因此他並不危險。但你的非理性信念也在對你說，任何攜帶槍械的人都是危險的，所以這名持槍者會殺了你。如此一來，你對危險的強烈非理性信念，就有可能壓倒你對不危險的微弱理性信念。你對那名持槍男性的反應，就像是對方真的要殺了你一樣。換句話說，你那強烈的信念，經常誘發猛烈的情緒反應，即便根本沒有任何證據能支持它們，且它們還很有可能是錯的。

了解事情就是這樣子，並明白強烈的非理性信念很有可能凌駕於不堅定的理性信念之上，製造出與現實無關、卻牢牢盤據在你心底的焦慮感後，REBT提出數種情緒方法，能協助你挑戰自己強烈的非理性信念，再以堅固的理性信念取而代之。比方說，溫迪・德萊頓（Windy Dryden）用於檢查並駁斥理性信念的矛盾技巧，能讓你確認自己真的抱有理性信念，且這些信念仍然有效。德萊頓是倫敦大學金匠學院（Goldsmith's College of the University of London）的諮商學

教授，他所出版的REBT書籍比我還多，也是實用REBT技巧的重要開創者。

恐懼開會發言的案例：他們一定看不起我……

一旦你出現了不健康的焦慮，並駁斥那些引發焦慮的非理性信念後，你經常會得到有效的新哲學觀。但你也只是幾分相信，想法不深。舉例來看，卡洛琳在大型廣告公司中負責撰寫文案，她非常盡責，表現也深受讚揚。她在該公司任職8年，獲得數次晉升與加薪的機會，幾乎是該公司的骨幹成員。

儘管如此，存在價值深受公司肯定的卡洛琳，非常害怕在員工會議上講話。她總是能提出好的想法並得到良好的回應，但她對於公開展示想法感到恐慌。她會結結巴巴，含糊其詞，冒出愚蠢的話，或在講述的時候突然說不出話。然後，在場的所有人就會知道她是不懂得表達自己的弱者，而他們自然會認為她所提出來的想法既愚蠢又沒用。身為文案人員，她擁有絕佳的能力，也知道自己表現很好。但在口頭表達想法上，她就像個啞巴，她也深知這點。因此，除非有問題是針對她的，要不然她在員工會議上幾乎從不發言，也拒絕提出絕佳的想法。然後，她會再因為自己於其他員工面

前表現得像個傻瓜，而無情地責備自己。

在進行療程時，我們很快就發現卡洛琳的非理性信念主要為：「我說話**必須**清楚明瞭。我**絕對必須**讓他們知道我有多聰明，且不僅止於他們已知的文案寫作方面。我必須用自己的點子和條理清晰的報告，驚豔眾人。倘若我表現出猶豫不決的樣子，他們就會認為我只懂得寫文案，根本是個傻子。大家會因為我的優點容忍我，但實際上根本看不起我，並在背後說我的壞話。我很確定他們早就這麼做了。我敢肯定，他們早就認為我是毫無機會的弱者，而他們之所以讓我**繼續**待下來，絕大部分是出於同情，而不是因為我在會議上能產生任何助益。」

卡洛琳很快就發現這些非理性信念，並開始進行駁斥。她寫下了駁斥內容，以及後續得到的有效新哲學觀，且寫得非常好。畢竟她可是文案專家，深諳寫作之道。她的新理性信念為：「我在員工會議上的發言不需要多麼精闢，儘管我確實非常偏好能表現出色。倘若我能讓眾人認可自己的才智，知道我不只是文筆好而已，這樣自然很好，但這並不是必須的。而且，即便他們認為我只擅長寫文案，那也沒什麼大不了。我希望能用清晰的思路來驚豔他們。這樣他們或許能給我更高的肯定。但同樣的，這也僅只是我的希望，並不是必須的事情。倘若我在員工會議上仍然結結巴巴，他們也

覺得我是個傻瓜並在背後議論我，我也能忍受。他們顯然不會開除我，只是瞧不起我。當然，他們或許根本沒有這樣做，但就算他們有，我也承受得了，並能繼續寫好我的文案，做一個稱得上快樂的人。即便他們都覺得我是傻瓜，留我也只是因為我的寫作能力，我也能接受他們的善心和同情，並不因此看輕自己。因此，即便我永遠都無法在員工會議上做出了不起的貢獻，我也不會看輕自己。我會接受個人的極限，不貶低自己的人格（即便他們顯然這樣做）。我還是很高興自己是出色的文案寫作者，即便我不是最出色的報告者。」

卡洛琳利用REBT，大幅駁斥非理性信念後，確實得到非常棒的有效新哲學觀。一般而言，倘若她真的相信這些新哲學觀，她的表現焦慮就會停止。其次，她的駁斥也能讓她克服不敢說話的行為。在有效新哲學觀的作用下，她將不再害怕於員工會議上公開發言，會努力去練習表達，並明白即便她說得結結巴巴且不流暢，也不會有可怕的事發生。

然而，不幸的是，儘管卡洛琳得到了有效的新哲學觀，她卻沒辦法完全買單。她其實沒那麼相信，態度也不堅定。她認為這些想法挺好的，如果別人這麼想也很棒，但她還是無法深信不疑。因此，她仍然對在員工會議上發言一事充滿恐懼（儘管症狀已有所緩解）。她幾乎還是一言不發，並因

為自己沒能如預想般暢所欲言，譴責自己。我因此採用了德萊頓強而有力的反擊方法，讓卡洛琳堅定且有力地去提出證明、重新確立她過去還不夠堅定的理性信念。舉例來說，我讓她審視自己的理性信念，「我在員工會議上的發言不需要言簡意賅，儘管我很希望能表現得好。」接著，她要質問自己，強烈質疑這句理性信念，「為什麼我在員工會議不需要談吐清晰、表現完美？如果我這樣做，有哪些方面是可取的，但不是必須要做到的？」

卡洛琳對自己質問的答案是這樣的，「顯然沒有任何法律規定，我必須在員工會議上談吐清晰、表現完美。既然沒有法律規定，那我也不需要遵守。我希望自己能在員工會議上發言，因為這些內容或許能讓與會者受益，並因此認可這麼說的我。而身為有價值的團隊成員能讓我獲益良多。他們會覺得我不僅僅是優秀的文案作家，這樣挺好的。但顯然我已經非常久沒有發言了，且仍在試著克服，並設法贏得某些人的認可。無論有多少理由可以解釋，為什麼要在員工會議上發言，而且得言之有物，我很明白並沒有這麼做的必要。我強烈渴望的事物，不一定就要成真。」

卡洛琳接著針對其他理性信念進行辯駁，看看自己能否堅守陣線。舉例來說，她以「我在員工會議上的發言不需要多麼精闢，儘管我確實非常偏好能表現出色。倘若我能讓眾

人認可自己的才智，知道我不只是個文案寫手，這樣自然很好，但這並不是必須的。而且，即便他們認為我只擅長寫文案，那也沒什麼大不了」這段理性信念為目標，質問自己，「為什麼我在員工會議上的發言不需要多麼精闢，儘管我確實非常偏好能表現出色？為什麼讓眾人認可我的才智，知道我不只是個文案寫手，會讓我獲益良多？那為什麼我不需要這樣做？」

在與自己的理性信念進行爭論後，卡洛琳得到了答案：「我在員工會議上的發言之所以不需要多麼精闢，只因為我就是不需要。顯然，我多年來都沒有這麼做，而他們也能忍受我，甚至還給我升職。我當然偏好能講得頭頭是道，因為我喜歡這樣，而他們可能也會提高對我的評價。但偏好與必須有極大的差異。死亡和納稅可能是必要的，但贏得同事的高度讚賞顯然不是。」

卡洛琳繼續和理性信念爭論，直到她能做到堅定不移。她從只是勉強接受理性信念（這也導致它無效），變成堅定且大力地認同，效果也因此發生了。同樣的，她先接納了不在會議上發言的自己，之後，不再焦慮的她，也更能流利發言了。

以矛盾技巧，真正說服自己

如同卡洛琳，你對自己說著理性信念，甚至在無法全心全意相信的情況下，將那些內容教給其他人時，你可以試著挑戰自己的理性信念與有效新哲學觀。對你、也幾乎是對全人類而言，如鸚鵡般複誦著理性信念其實很容易，因為你明白，只要真誠地相信，它們就能發揮效果。有些時候，你說相信它們，事實上也只是為了讓自己脫離困境。你知道自己不理性，因為你的信念顯然無效，於是你找到某些理性信念，表現得**好像**你真的相信它們般。接著，你就能宣稱自己非常理性，儘管你並不是。你也可以虛假地宣稱，想法與感覺無關，你只不過是有些不健康的情緒罷了（例如焦慮），因為你的感覺總是不由自主地壓過你，而這些感受背後真的沒有什麼非理性信念。

總而言之，一旦你看似擁有理性信念，但不健康的感受與行為卻依舊存在，請使用德萊頓的方法提出質疑，直到你看到並感覺自己真正接納理性信念。那麼一來，你才比較有可能產生更健康、且更有助益的情緒與行為。

Chapter 19
帶著幽默感去生活

想像所有的聽眾都脫下褲子或撩著裙子坐在馬桶上，
正在因為便祕努力著。

我們還可用幽默的態度，來迎戰非理性信念及伴隨而來的不健康負面情緒。人類的本能就是會過度嚴肅地去看待現實中的逆境，從而折磨自己。因此，假如你對「在深夜獨自行走於漆黑且荒蕪街道上」感到戰戰兢兢，你就會抱持警戒，藉此保護自己。但倘若你驚慌失措到，只有陽光刺眼的時刻才敢踏出家門，只有街上擠滿了人才敢置身其中，即便房子失火了也拒絕在黑夜中逃出家門，這意味著你對黑暗的想法已經完全走偏，並把它看得過分嚴重。

　　同樣的，非常焦慮的人在面對他們覺得是**糟糕**和**可怕**的情況時，會失去對事物的洞察力，也會毫無幽默感。他們根本不會覺得事情好笑或愚蠢。例如，患有電梯恐懼症的人，確信自己只要一搭電梯就會窒息，或那架電梯一定會墜毀。他沒辦法理解，電梯或許是世界上最安全的交通工具，且每天都有成千上萬人搭著電梯卻從沒出事。他失去了對電梯的所有感知與幽默，想像著成千上萬種可能的意外，但當然了，事故從未發生。

　　幽默則能讓事情變得輕鬆點，即便是非常嚴肅的事。假如你很害怕公開演講，因為你相信坐在觀眾席的每一位聽眾，都會目不轉睛地看著你、等你出糗，那擅長解決公開演講恐懼症的治療師或許會建議你，想像所有的聽眾都脫下褲子或撩著裙子坐在馬桶上，正在因為便祕努力著。那幽默的

情景或許能很好地緩解你的焦慮。

　　同樣的，倘若你很焦慮隔壁的情侶會聽到你跟伴侶做愛的聲音，並因此貶低和嘲笑你居然如此熱衷於每晚都要做愛，不妨想像那對情侶在水晶吊燈上盪過來盪過去，一邊做愛一邊用粗鐵鏈鞭打對方的樣子。很快的，你就會覺得自己的恐懼非常好笑。REBT經常使用幽默來化解焦慮。比如，它能讓你發現，其他人正在窺視你、等著看你出糗好大聲取笑你的情境，有多麼好笑。它讓你明白，雖然少數人或許也和你擁有同樣的困擾（像是20歲的你非常害怕冒出一、兩根白頭髮），但他們還有更多愚蠢的恐懼。「幽默感」讓你明白，其他人也忙著擔心你會怎麼看待他們，或忙著為自己的愚蠢而焦慮，導致他們根本沒時間在意你或你的行為。除此之外，當你因為身處在公共場合而非常焦慮，擔心其他人會嘲笑你，多數看著你的人其實都非常能理解你的心情，並欣慰當下的自己，沒有像你那樣公開表露出焦慮。

　　如同REBT所強調的，讓你陷入悲慘的，不是你的行為舉止，而是你對待逆境的**觀點**。倘若你用悲觀、過於嚴肅的態度來面對問題，你就會變得焦慮或抑鬱。相反的，要是用幽默的態度去面對同樣一件壞事，你可能會被自己逗樂，並發現自己竟然樂在其中。

　　一旦你能放下過分嚴肅的態度，學會用幽默與風趣來看

待事情，你就能遠離煩惱。分散自己對過分嚴肅與不安情緒的執迷。戳破那過分膨脹的想法。學會接受人類易於犯錯的本性。幽默讓你發現，生活中的許多小缺陷往往能一笑置之。

　　與其用苛刻的嚴厲來對待自己、並反覆陷入焦慮與抑鬱情緒中，不妨刻意使用幽默感，來審視自身想法、感受與行為。你可以刻意去看生活中幽默的那一面（無論是自己或其他人的）。如此一來，你就能經常找到樂趣，即便是面對求職遭拒或感情受挫的情況，也能試著繼續努力，直到成功來臨。幽默在減輕焦慮的同時，也能提升你的樂觀態度。

　　當然，失敗與遭拒絕確實有苦澀之處，但其中也包含了幽默與好處。舉例來說，你被拒絕了，但你做得很好，尤其是你做得顯然比他們都好。而以幽默的角度去看待事物的黑暗面，還有個很大的優勢是，能緩解事物的嚴重性。

　　舉例來說，你可以笑看失敗，並拒絕認真以待。你可以認為，期待自己只許成功，不能失敗，是非常可笑的自我膨脹。你或許會失敗，但倘若你能輕鬆看待這次失敗，實際上更有助於你下一次取得成功。一旦你可以幽默看待失敗，你就能理解失敗與成功不過都是人生的必經之路。你不應該過分嚴厲地解讀，更不該預設自己將無可避免地繼續失敗。

　　倘若你能用犀利、但仍舊幽默的角度，去看待自身缺

點，你就會明白自己其實可以控制這些缺點所帶來的破壞，並試著減少這些短處。一旦你能放下自我貶抑，用挖苦的方式去看待錯誤行為，再盡最大努力從中學習，你就能接受失敗的考驗，而不是災難化或悲劇性地看待失敗，導致更大的挫敗發生，或是無法從錯誤中記取教訓。

焦慮的人，唱幽默的歌

為了鼓勵你運用幽默來面對失敗與損失，我寫了幾首可激發此種態度的理性幽默歌曲。我首次讓這些歌曲亮相的時間點，是1976年，美國心理學會在華盛頓所舉辦的年會上。那是一場關於心理學如何運用幽默的研討會，而我甚至讓台下的心理學家跟我一起唱。這些歌曲是如此成功，以至於我在之後所有關於REBT的演講與工作坊上，都會和觀眾一起唱。有些時候，我也會在紐約艾里斯學院，那場著名的週五夜工作坊上演唱。

在我發現這些歌曲對聽眾的效果非常棒以後，我決定也用在定期來諮商的案主上。因此，學院印製了一份歌單，並將歌單發給診所內的心理諮商案主。每當他們感到焦慮，就可以選擇一首抗焦慮的歌去演唱。抑鬱時，也可以選一首抗抑鬱的歌去演唱。這樣的行為，能快速降低某些案主的焦慮

和抑鬱情緒。

下面，是幾首你可以運用的抗焦慮理性幽默歌曲。首先，是幾首以幽默擊退自我焦慮的歌：

▎〈完美的理性〉

旋律：〈登山纜車〉（Funiculi, Funicula）
作曲：路易奇・丹薩（Luigi Denza）

有人覺得這世界必須有個正確的方向，
我也一樣！我也一樣！
有人覺得，有一點點的不完美，
他們就過不下去了——我也一樣！
因為我，我要證明我是超人，
比別人要強很多！
要證明我有不可思議的敏銳——
要永遠被世人評為偉大人物！
完美，完美的理性。
當然，是我唯一重要的事！
如果活著一定容易犯錯，
這人生我又會怎麼想。
理性對我必須是完美的！

〈就愛「蠻橫必須」〉

旋律：〈洋基歌〉（Yankee Doodle Dandy）

有人就愛開開心心，

爭取真正幸福。

有人喜歡自慰手淫，

我偏愛「蠻橫必須」！

「蠻橫必須」不要停！

「蠻橫必須」不能停！

小心每個必須唷！

還有那些應該！

是的，我知道我應該，

創造真正滿足。

但我偏要蠻橫必須，

好讓腦子運作！

「蠻橫必須」不要停！

「蠻橫必須」不能停！

小心每個必須唷！

可能帶來屎運！

▎〈我為憂慮痴狂〉

旋律：〈我為哈利痴狂〉（I'm Just Wild About Harry）

作曲：尤比・布萊克（Eubie Blake）

我就是為憂慮痴狂，

憂慮也為我痴狂！

我們就是天造地設的一對，

讓生活可怕又焦慮！

噢，背負著憂慮的苦痛，

尋求它給我保證！

噢，我就是為憂慮痴狂，

憂慮也為我痴狂，

絕不平淡無奇，

對我痴迷不已！

▎〈噢，你知道我是誰嗎？〉

旋律：〈星條旗永不落〉（Stars and Stripes Forever）

作曲：約翰・菲立普・蘇沙（John Philip Sausa）

噢，你知道我是誰嗎？

我是全宇宙的中心！

你所崇拜的神，

根本比不上我！

我就是攻城鎚，

撼動並顛覆一切！

但在其之下，就是一個，

可憐的棉花糖。

脆弱的偽裝者！

〈你不是最偉大的〉

旋律：〈登山纜車〉

作曲：丹薩

有些人認為你才不是世界上最偉大的，

我也是！我也是！

有些人認為你只是起步晚，

我也是！我也是！

因為我，超討厭你的自我膨脹，

更不覺得你是神！

我試著去找尋所有跡象，

證明你就是最了不起的！

我受不了你的自大！

我命令你謙虛點！
我怎麼會將你奉為神？
當事情再清晰不過，
當地球與太陽繞著我，
轉啊，轉啊！

　正如你在本書中所學到的，你可能也會產生不適的焦慮感或挫折容忍力低。因此，你可以利用以下的諷刺不適焦慮的理性幽默歌曲，來打斷這些感受：

〈愛我，愛我，只能愛我！〉

旋律：〈洋基歌〉

愛我，愛我，只能愛我！
沒有你，我會死！
喔，要讓你的愛成為保證，
我才不會懷疑你！
愛我，全心愛我──真的，真的要努力，親愛的。
但如果你也要求愛，
我到死都會恨你，親愛的！

愛我，一直愛我！

全心全意！

我的人生會變成爛泥，

除非你只愛我一人！

用極大的溫柔愛我，

沒有如果和但是，親愛的。

如果你少愛我一點，

我就會恨你那該死的心腸，親愛的！

〈抱怨，抱怨，抱怨！〉

旋律：〈耶魯威芬普夫斯之歌〉（Yale Whiffenpoof Song）

作曲：蓋伊・史卡爾（Guy Scull），一個哈佛的傢伙！

我無法達成所有的願望——

抱怨，抱怨，抱怨！

我無法讓每個挫折都平息——

抱怨，抱怨，抱怨！

我欠缺的，生命都該給我，

命運必須賜我永恆的幸福！

因為我必須退而求其次——

抱怨，抱怨，抱怨！

■〈我超級、超級沮喪！〉

旋律：〈世紀的哭泣〉（The Band Played On）
作曲：查爾斯‧沃德（Charles B. Ward）

每當我人生中出現一點小差錯，
我就沮喪、沮喪！
每當雞毛蒜皮的小事讓我煩惱，
我會沮喪、沮喪！
噢，當人生不如預期般神聖，
我完全忍受不了！
當生命中一點小事出了毛病，
我會怒吼、怒吼！

■〈你是我的，我還是我的〉

旋律：〈雙人茶會〉（Tea for Two）
作曲：文森‧尤曼斯（Vincent Youmans）

想像你坐在我腿上，
你是我的，我還是我的！
你就會看到，
我有多快樂！

就算你哀求我，
你也永遠得不到我！
因為我自閉，
而且真的很神祕！
我跟自己，
也只有大吵大鬧而已，親愛的！
如果你膽敢關心我，
你就會看到我的在乎快速消逝。
因為我不想成雙成對，公平分享！
如果你想成家，
我們都要同意你得縱容我——
你就會看到我有多快樂！

〈美麗的焦慮〉

旋律：〈美麗的夢中人〉（Beautiful Dreamer）
作曲：史蒂芬・福斯特（Stephen Foster）

美麗的焦慮，為何我們要分開？
過去的日子，我們總如影隨形，
我們已習慣這樣的方式。
噢，拆散我們是多麼邪惡！

美麗的焦慮，別離開我！

若你離開我，有誰會要我？

儘管你讓我像個混蛋，

沒有你，要很費力才能活下去！

沒有你，要很費力才能活下去！

▌〈榮耀，榮耀萬歲！〉

旋律：〈共和國戰歌〉（Battle Hymn of the Republic）

我的雙眼凝視，

感情的光輝。

接著又漸漸逝去，

隨著愛潮起潮落。

我聽過最浪漫的情事，

沒有一點平靜。

但我很懷疑！

榮耀，榮耀萬歲！

人們愛你，直到操控你！

若想緩解他們的行為，

別痴心妄想！

榮耀，榮耀萬歲！

人們捧你又嘲笑你！

若想緩解他們的惡行！

別癡心妄想！

〈我希望我沒瘋！〉

旋律：〈迪克西〉（Dixie）

作曲：丹・埃米特（Dan Emmet）

喔，真希望我沒有支離破碎——

像漆皮一樣光滑細緻！

喔，有人說我天生鎮定的話多好！

但是我害怕我命運如此，

就是有些畸形——

喔，跟我父母一樣瘋狂真是傷心！

喔，我希望我沒瘋！好耶，好耶！

我希望我的頭腦別那麼走樣，

變得那麼渾沌迷茫！

你看，我能同意，不要那麼瘋狂，

但天啊，我就是該死的太懶惰了！

如果你能善用這些理性幽默抗焦慮歌曲，再加上幽默的

方法，你就能有效打擊無用的焦慮。畢竟，那些導致你焦慮的應該、應當與必須，實在過於嚴肅且一點都不有趣。一旦你用幽默打破這些命令，你會發現沒有任何理由能逼迫你一定要表現出色，也不必隨時都感到不痛不癢，更非絕對不能感覺到憂慮。幽默是敞開心胸，釋放壓力。反之，必須與要求則窄化思維且令人壓抑。只要盡一切可能去反抗「蠻橫必須」，你就能將焦慮最小化，並在焦慮控制你以前，掌控焦慮。

Chapter 20
與恐懼面對面：
行爲減敏法

你不會死，而是會漸漸或迅速克服焦慮與恐懼，
並因為自己再也不受其圍困，而感到無比開心。

如同我在本書中所呈現的，REBT包含了認知、情緒與行為層面。在本章中，我將解釋REBT中的主要行為療法，以協助你在焦慮失控前，控制焦慮。

　　正如我在本書一開始提到的，我本身也透過哲學分析與行為療法，治好了嚴重的公開演講及追求合適伴侶的恐懼。事實上，「沒有什麼值得焦慮」的觀點（尤其如公開演說這般無害的追求），是我從哲學家身上學來的。在我19歲時，我研讀了CBT，尤其是阿德勒的個人心理學，但與古希臘與羅馬哲學家，尤其是伊比鳩魯、愛比克泰德和奧里略相比，後者務實的哲學更讓我印象深刻。他們全都清楚指出，絕大多數的焦慮與恐懼都是自己製造的，只要冷靜思考，就能將其最小化。我認為這是對人類病症的絕妙剖析，並下定決心要好好利用。

　　另一方面，我也讀到了華生的實驗。他以害怕老鼠、兔子等無害動物的幼童，作為實驗對象，並透過實境去敏感化的方法，成功使孩子克服恐懼。首先，華生讓幼童暴露在自己最害怕的動物面前，直到他們漸漸熟悉動物，察覺動物是無害的，甚至開始與動物玩。所以，我也運用暴露法，讓自己不再恐懼公開演講失敗，也不怕遭到心儀對象拒絕。事實上，駁斥自己對失敗與被拒的非理性信念，並刻意經歷失敗與遭拒，兩者加乘的效果非常出色。在沒有心理治療介入的

情況下，短短幾個月的自助行為，我的焦慮與恐懼症消失了。

自然而然的，在1943年開始擔任心理治療師以後，我也在許多案主身上套用這些方法，而他們的焦慮感也大大緩解。另一方面，當時的我相當痴迷於心理分析，不是佛洛伊德一派，而是埃里希・佛洛姆（Erich Fromm）、哈里・沙利文（Harry Stack Sullivan）、佛朗茲・亞歷山大（Franz Alexander）、湯瑪士・弗朗屈（Thomas French）和荷妮等更為自由的分析。1947年，我也實際到理查・赫爾貝克（Richard Hulbeck）那裡接受分析的訓練。因此，有那麼幾年中，我身兼兩職——非佛洛伊德派的分析師，以及認知行為治療師。我稱自己為分析師，但我實際上運用兩種心理治療（就跟那時許多分析師喜歡自稱心理分析師，實際上卻不太運用心理分析方法一樣），一直到1953年。接著，在體悟到心理分析更多時候給予人們的傷害，大過於幫助後，我在1953年放棄了這個稱謂，簡單稱自己為心理治療師，並著手設計REBT。到了1955年1月，我已經開始運用當時我稱為理性治療（Rational Therapy，RT）的方法，並在其中加入了認知、情緒與行為方法，尤其是實境去敏感化或暴露法。

1955年，我已經出版了5本關於愛與性的書籍，以及超

過40篇關於情感與婚姻的學術與大眾文章。絕大多數的案主都有性與愛方面的焦慮,因此我採用了暴露法。我說服他們嘗試自己不敢進行的約會、試著與性事不順的伴侶維持性關係,以及繼續維繫一段非常不容易的婚姻或情感關係。在他們改變災難化與悲劇化的思維後,我要他們硬著頭皮,實際去嘗試並經常體驗失敗,讓他們看到這麼做並不可怕,且個人價值也不會因此減少,除非他們這麼想。

在我的治療下,那些面臨嚴重性愛問題的案主,取得了很大的進展。這使我明白自己走在正確的道路上。而且,在大多數情況下,讓個案去體會失敗、被拒絕的經驗,也確實奏效。那些經歷一連串失敗、因此拒絕從事性行為的案主,終於重回戰場,儘管他們往往會再遇上幾次失敗,但接著開始成功,得以樂在其中。那些在愛情中被拒而差點走上絕路、或因為過去經驗,遲遲不敢踏入新戀情或婚姻關係的案主,也展開約會並與人交往。而且很快的,部分案主開始維持一段良好的感情關係。

我持續激勵愈來愈多的案主去表現自己,敢於冒險,嘗試那些數年來讓他們焦慮與恐懼不已的性愛關係。我在許多書籍與文章中,寫下了自己所採取的心理認知行為治療的有力成果。而透過面對面進行治療與寫作所接觸到的案主數量,或許也讓我成為有史以來,解救最多性愛焦慮者的心理

治療師。在此方面，金賽、麥斯特和強森的科學性論文貢獻良多。但我的平裝暢銷書如《愛的藝術與科學》（*The Art and Science of Love*）和《無罪的性愛》（*Sex Without Guilt*），觸及了數百萬名不會去翻科學期刊的普羅大眾。直到今日，仍有許多人會在我公開演說或進行工作坊的時候，攔下我，感激地說他們因為在1960年代讀了我的某些暢銷書，才終於克服了性與感情焦慮。

你也可以利用行為療法，來克服性、愛等各種焦慮。而這些療法都是我在1955年1月開創REBT後，專門打造的，過去50年間也廣泛運用在案主身上。

其中，最主要的療法就是實境去敏感化或暴露。19歲時，我親身實踐了這個方法。但即便在早期的行為治療中，也很少有人會用暴露法來進行心理治療。當時普遍認為，這是太激進的侵入性方法，案主很有可能會拒絕接受。所以，時下流行的是被動、間接的去敏感方法，尤其是行為治療師渥爾普的「想像減敏法」（imaginal desensitization）或「交互抑制」（reciprocal inhibition）。渥爾普認為，假如你非理性地害怕某些事物，像是完全無害的襪帶蛇、甚至是蛇的照片，你需要做的就是想像1.6公里外有一條蛇，接著再使用雅各布森的漸進式放鬆運動來放鬆。然後，再想像800公尺外有一條蛇，再進行放鬆。接著是400公尺外，然後放鬆。

以此類推，直到你對蛇不再那麼敏感，也不再一想到蛇就害怕，甚至能直接面對牠。許多1960年代的實驗證實，這樣的交互抑制經常能發揮效果，儘管實驗者提出的解釋理論並不相同。

而你在使用REBT時，也可以使用渥爾普的想像減敏法，減少自己對於襪帶蛇、或其他「可怕」事物的非理性恐懼。但在最後階段時，你恐怕需要直接去動物園和蛇面對面，否則你實在無法肯定自己是不是真的不怕蛇了。因此，一般而言，想像減敏法是透過直接面對恐懼事物，來測試並證明你確實不再為此感到焦慮。然而，自1970年代以來，人們又對行為療法做了更多的實驗。結果指出，想像減敏法恐怕無法解決最嚴重的非理性恐懼。比方說，有些人有習慣性的強迫行為，如果不做那些儀式行為，他們害怕會終生受焦慮折磨。因此，有些人需要真正暴露在害怕的事物面前，才能降低或消除他們的恐懼感。

地鐵焦慮、為恐慌而恐慌案例：我無法承受！

運用REBT時，我建議你使用實境暴露法，來最小化非理性恐懼。以馬爾為例。他是電腦分析師，住在布魯克林，每天必須通勤到曼哈頓上班。他在該公司工作了15年，那

是一份不錯的工作，他很開心，也獲得多次加薪。但最可行的通勤方式，就是搭乘一小時的地鐵，而他對於這樣的行程非常焦慮，導致他幾乎不搭地鐵。然而，他的肩膀有慣性脫臼問題，因此開車上班相當危險，他只好試著跟其他住在布魯克林（甚至遠在長島）的車主碰面，搭他們的便車上班。但這樣的行程很難安排，導致他上、下班經常需要轉好幾趟公車或計程車。然而，這樣的通勤費用很昂貴，要是需要搭公車，還非常浪費時間。但他的恐懼症一直存在，少數幾次搭地鐵的過程，更是讓他經歷痛苦與恐懼。

馬爾害怕搭地鐵並沒有什麼具體的原因。無論是他的親朋好友或他本人，從未因為地鐵而受傷。曾有一天，他搭著地鐵去大學時，車廂在兩站之間停留了五分鐘，而他陷入了恐慌狀態，心臟劇烈跳動，渾身冒汗。但什麼事都沒有發生，車廂也很快的，又開始行走。那就是馬爾的最後一趟地鐵，距今已經有很多年了。如同絕大多數陷入恐慌的人一樣，他非常畏懼再次陷入恐慌，他堅決認為自己無法承受地鐵車廂再次停下來、然後又陷入恐慌的情況。因此，他選擇不與恐慌為伍，認為這樣的生活即使不方便，但至少不可怕。於是他逃避了，改搭汽車、計程車與公車。

透過REBT，我開始處理馬爾的第二層症狀──因為恐慌而恐慌背後的非理性信念。他有人們在經歷恐慌後，經常

出現的無法容忍挫折的情況。他對自己說，「我絕對不能恐慌！這是我經歷過最不舒服的感受。我**承受不了**恐慌造成的心悸、大口喘氣、四肢癱軟無力等各種可怕感受！我以為自己要死了，我常常想著死了搞不好還比較不難受。這樣我就能徹底擺脫痛苦。如果我要遭受這種折磨，餘生都要因為感覺危險而陷入這樣恐怖的體驗中，活著還有什麼樂趣？要不是離開人世可能會讓我父母與手足傷心，我真的會認真考慮結束生命，逃離這一切的悲劇。」換句話說，馬爾並不只是在表達自己有多麼不喜歡這樣嚴重的恐慌，他實際上是在告訴自己，他忍受不了，只要這樣的狀況**繼續**下去，他**永遠**都快樂不起來。這也是為什麼儘管這麼做造成極大的不便，他還是拒絕搭地鐵。

其次，儘管馬爾起初否認了他會因為其他乘客看到自己有多麼緊張、並因為他動彈不得的情況而瞧不起他，而感到羞恥，我仍舊鍥而不捨地追問他，並發現了非常重要的一點。他一點都不在乎其他人看到他陷入恐慌、四肢癱軟或發抖，但他尤其害怕會失去對身體的控制，並尿在褲子上。那樣**真的**非常丟臉！他無法承受旁觀者發現他的褲子明顯濕了、且散發出異味時，可能對他萌生的厭惡感。那將是全世界最慘的事，而他必須盡一切可能去避免。倘若這樣的災難發生了，他這輩子都毀了。

因此，可以肯定的是，在地鐵上經歷極端恐慌的馬爾，出現了無法容忍挫折與自我貶低的情況。我們運用REBT來處理他的非理性信念，並讓他明白（至少在理論上），他**可以**承受恐慌發作造成的可怕感受與無助，也可以承受自己真的尿在褲子上、且旁人都因此嚇跑，並認為他是既噁心又很臭的人。在思考自己因為恐慌而恐慌的非理性信念時，他甚至得出了結論：那些在地鐵上因為他尿褲子而嫌棄不已的人，都是純粹的陌生人。那些他這輩子或許再也不會見到、且很快就會忘記這件意外插曲的人。他也認為，某些人甚至不會因為他尿褲子而嫌棄他，反而會認為這是被恐慌癱瘓的人經常出現的情況，並在遇到這種情況時展現出友善與熱心。

目前為止，都很順利。馬爾駁斥了恐慌背後的非理性信念，以及自己在任何情況下都不可以恐慌，或讓其他人發現自己恐慌的絕對要求，他也稍微克服了害怕在地鐵經歷恐慌的心理。至少，現在他想像這樣的事情發生時，不會陷入極端的焦慮。但要實際去搭地鐵，就不行了。他就是無法冒這個險。

與此同時，馬爾的通勤問題，變得更麻煩了。他的公司從曼哈頓搬到了澤西市，所以他更不可能去搭同事的便車。而且搭公車也變難了，更要花上超久的時間。但搭計程車或

包車接送，又超級昂貴。最佳的替代方案就是從布魯克林搭地鐵到曼哈頓，再轉紐新捷運（Port Authority Path，其實也只是另一種形式的地鐵）到澤西市。但他將會面臨有史以來最嚴重的恐慌危機。

馬爾絕望地試圖在布魯克林找另一份電腦分析工作，就算薪水比較低也無妨，但徒勞無功。他甚至考慮更換職業跑道，從事其他工作。但他就必須犧牲自己在公司打拼15年的成果，以及已經累積的退休權益。眼前似乎沒有任何可行的方案，他變得愈來愈焦慮與抑鬱。

最後，當所有退路都行不通後，他決定面對自己的恐懼症。在經歷了數個月無止盡空談著自己的非理性信念、並在腦中進行駁斥後，他終於向我請教，用實際行動來克服恐懼症的可能性。如果我能提供相對容易的行動，他會在不適的情況下去執行，並期待能在克服地鐵恐懼上，取得進展。

幸運的是，我確實有相對簡單、且過去曾運用在其他地鐵恐懼者身上的行為計畫，能讓馬爾嘗試。首先，他需要走去離家最近的地鐵站，然後搭乘短短的一站。接著，他要下車，等待五或十分鐘後靠站的下一班車，再坐一站。他必須一直進行這樣的動作——搭一站下車，直到他習慣這個行為，且恐懼症狀減輕。除此之外，他要去的那一站剛好是高架路段，因此他不會有被困在地底下的感受。

馬爾在理論上，同意這樣的計畫，但卻找各種藉口拖延。他仍然非常害怕自己會陷入恐慌，再因為恐慌而恐慌，只要想到要這麼做，就讓他驚惶不已。但在某個禮拜天，車廂裡的人潮沒上班日那麼擁擠時，他強迫自己走進離家最近的地鐵站，並搭上第二輛進站的地鐵，坐了一站。第一輛車他沒能搭上去。他非常害怕要踏上車廂，但他不斷對自己說，「一站。一站而已。就該死的一站！」當列車抵達下一站，他如釋重負地下了車。沒有任何可怕的事發生。沒有恐慌，儘管他超級焦慮。

　　下一個禮拜天，馬爾再次搭著地鐵坐了一站，再下個禮拜天，兩站。兩個月過後，他已經可以坐好幾站，並在每一站下車，等待下一班列車進站。接著，他試著一口氣搭兩站，接著是三站，然後更多。數個月後，馬爾能在禮拜天沒那麼擁擠的時候，連續搭許多站。接著，他冒險在平日擁擠的車廂內，進行同樣的行為。沒有什麼可怕的事情發生，沒有恐慌發作。此刻的他仍舊會焦慮且不舒服，但隨著他繼續這樣的地鐵行，他開始發現恐慌真的不是什麼問題。有那麼幾次，當列車駛入地底下，且因為不明原因在站與站之間停留了五至十分鐘，他感受到比平常更明顯的焦慮。但仍舊沒有恐慌。還有一次，當列車停了十五分鐘，他甚至希望恐慌症能發作，這樣他就能知道自己到底能不能應付情況，或會

不會因為恐慌而恐慌。然而，事實上，他開始搭地鐵後，恐慌再也沒有發作了。在開始搭地鐵九個月後，馬爾相當確信自己不會再恐慌了，且就算恐慌發作，他也能處理。他每天都搭地鐵，也搭著從曼哈頓到澤西市的紐新捷運，而他很開心自己有能力這麼做。

除此之外，他發現自己能輕易地在地鐵或捷運上讀報紙、看書，而這是他搭汽車或公車所不能做的事。因此，對他而言，通勤上班的那一小時十五分鐘，成為一種享受而不是惡夢。

你也可以克服那些限制著你日常生活的焦慮。如同馬爾，在REBT的幫助下，探索那讓你陷入焦慮、並阻止你進行有益或有趣事物的非理性信念。接著，即使這麼做會感到不適，卻依舊強迫自己去做。事實上，這不太會要了你的命，而且你可能很快就能克服焦慮。

交論文焦慮：我一個人做不到！

弗朗西絲對於提交大學歷史課的學期論文一事，心存恐懼，因此她總是哄騙和賄賂男友山姆，幫自己完成每一篇論文。她會進行所有研究工作，甚至寫出了第一稿，卻永遠無法正式完成論文。她會說服山姆，說他只是需要再修飾一下

論文就好，替她完成，否則她這輩子都交不出來。多數時候，山姆其實也不太需要下手，文章就已經好到足以交出去了。但如果沒有山姆的最終潤色，弗朗西絲永遠都不會把論文交出去。

弗朗西絲因為沒辦法獨立完成任何一篇學期論文的事，強烈抨擊自己。我首先幫助需要依賴山姆完成作業的她，建立無條件自我接納。我向她展示，她的行為是軟弱、愚蠢且無能的，還會加深她對於靠自己完成一篇論文的恐懼。但她並不是軟弱、愚蠢且無能的人。她之所以這麼做，只是出於學期論文恐懼症。

只要山姆不幫論文進行最後潤飾，弗朗西絲就一篇論文都不交。因此，我在某次療程中，同時和山姆與弗朗西絲面談，並向山姆解釋，他需要拒絕女友的要求，才能真正讓她獲得能力。我也要山姆同意，下個月有三篇學期論文要交時，他絕對不會插手。她得在沒有山姆或其他人的幫助下，繳交那三篇論文。

對於必須完全靠自己繳交三篇論文的事，弗朗西絲無比焦慮，她瘋狂地找朋友來代替山姆，好將文章進行最後的整理。幸運的是，她找不到人能幫她。於是，惴惴不安的她只能不斷告訴自己，就算是自己把論文送出去，也不會有什麼可怕的事情發生。她忍著極大的不舒服，強迫自己完成三篇

快要到繳交期限的文章，再將論文交出去。第一篇，她在極大的焦慮與無止盡抱怨下完成了。第二篇，她的焦慮沒那麼嚴重了，也抱怨得比較少。第三篇，她幾乎不怎麼焦慮，也沒有抱怨。從此之後，她總能無比熱忱地在不需要任何人的幫助下，完成學期論文，並為自己能獨立完成開心不已。

　　弗朗西絲的例子顯示了，有時候，暴露在恐懼情景下，進步會非常快速，不見得是循序漸進的。因此，根據你自身情況，顯然有兩種方法可供選擇。但無論如何，請先找出非理性信念（它們使你深陷焦慮，並對某些情境避之唯恐不及）。接著，強烈並堅定地進行駁斥。倘若你仍心懷恐懼，逼自己去做那件你怕得要死的事，無論你內心有多麼不舒服。一遍、一遍又一遍地做。如同我經常跟案主說的，倘若你會因為做這件事而死，請不要擔心，我們一定會幫你舉辦隆重的喪禮，插上最美的鮮花和擺上最棒的布置。但你不會死。相反的，通常你會漸漸或迅速克服焦慮與恐懼，並因為自己再也不受其圍困，而感到無比開心。

Chapter 21
面對焦慮，
「逃」非上策

每當你避開那些敲響你心裡警鐘的事物，
焦慮往往變得更為嚴重。

在大多數情況，你總是會想辦法逃避那些會引發焦慮的情境，這點很麻煩。比方說，倘若你對公開演說感到恐慌，你就會避免公開發言。要是你不敢和有魅力的人約會，你就會避開令你心動的人。然而，每當你避開那些敲響你心裡警鐘的事物，焦慮往往變得更為嚴重。因為你總是不斷對自己說，「倘若我公開演說，我肯定會講得超爛，然後被眾人嘲笑，讓我覺得自己像個傻子。」或「只要我接近那位超迷人的女性，約她出去，她會覺得我很遜並拒絕我，然後我就會覺得自己超級沒用。」

因此，避開自己超級害怕的事件，雖然能暫時得到舒緩，卻總是無可避免地加深你的非理性焦慮。而且，就算改變REBT中ABC的A（逆境），情況也一樣。這麼做，或許只會讓你將非理性B（信念）和新的不安C（結果），帶入到新的A（逆境）中。

職場批評焦慮案例：我不能忍受他人的貶低！

讓我們看看譚雅的情況。她超級害怕被批評，尤其害怕在職場上被批評。身為服裝打版師，每當她發現老闆或上司非常愛批評人（或她覺得對方是這種人），她就會趕忙找藉口辭職，尋找下一份工作。而在找新工作時，她進行的面試

比面試官還要多。因為她想事先確定，未來的老闆或上司到底多愛批評人。

自然而然的，在這種情況下，譚雅沒有什麼機會去適應愛批評的上司，對於批評也變得愈來愈焦慮。她帶著對批評過分敏感的態度，去迎接每份新工作。而她對於批評的異常謹慎，導致她經常發現根本不存在的批評。此外，即便是面對具建設性的意見，她的反彈也很大，導致上司經常因為怕傷害到她的情感，而過分約束自己，有時甚至因為她對上司的要求太多，乾脆開除她。

譚雅找我進行心理治療，因為她再也找不到可以工作的地方，即便是有大型服裝產業的紐約。她已經逃離太多公司，也被太多公司拒絕，已經沒剩什麼選擇了。雖然她是優秀的服裝打版師，熱衷於工作，也能獲得相當體面的薪水。但她似乎走到職業生涯的盡頭了。

如同你大概已經猜想到的，我從ABC著手，來處理譚雅病態性換工作、強迫性地追求不會批評的上司的問題。首先，透過她的想法，可以看出她對批評有著正常或理性的厭惡，「我不喜歡被批評，也不愛有人告訴我該怎麼做。畢竟，我是優秀資深的服裝打版師。我希望上司能單純讓我做好自己的工作。倘若他們有任何要我改變的異議或建議，我希望他們能有禮貌、文明地表達。我不介意聽到那些建議我

該如何提升工作表現的話。但我**非常**介意那些用苛刻、傷人的語氣，暗示我根本不夠格當服裝打版師，最好回到過去擔任縫紉工人的言語。」倘若譚雅能保持這樣的態度，那麼在被批評時，她會感到難過與挫折，但不會遇到工作困難。

然而，與此同時，她心中還有一份更強烈的非理性信念，「我**絕對不能**受到批評或責備。因為這意味著上司不信任我的能力，認為我是能力不足的服裝打版師，以及無能的人。遭人這樣看待實在太丟臉了，尤其他們之中有許多人比我年輕，對打版的了解也比我少。我不能忍受他們用這樣的方式貶低我，也不能讓他們占我便宜，還安然脫身。倘若我不能立刻阻止他們那不公正的抱怨，我就是沒用的弱者。我要讓他們知道，他們不准這樣羞辱我！我會該死的辭職！」譚雅因為這些根本沒有證據的非理性信念，受到傷害並憤怒。

當譚雅清楚看見自己的非理性信念，並積極進行駁斥後，她在面對來自上司所謂的言語攻擊時，變得較沒那麼脆弱，且留在同一份工作的時間，變得比過去長上兩至三倍。但或遲或緩，總會有處在上位、心情又剛好很差的人，把氣出在她身上，導致她重新落入非理性信念中，並在復仇心理下，提出辭呈或堅持要換到別的部門。

我覺得最好對譚雅強硬一點，我要她同意一條規則：在

她開始處理自己的傷口與憤怒以前，無論遇到多難聽的批評，她都不可以辭職。要等她開始運用REBT駁斥非理性信念，並因此對其他人那「不公平」的批評，萌生健康的挫折感與難過、而不是受傷或自我貶低及憤怒後，她才可以辭職（倘若她還是想這麼做的話）。否則，她同意自己會繼續留下來，直到她能克服受傷與憤怒。

很快的，譚雅獲得了測試這個新技巧的機會。同樣曾經擔任服裝打版師的上司，對譚雅大發脾氣，指責她在一項工作上花太多時間，迫使公司不得不多聘請一位根本沒必要請的服裝打版師。她的上司責備她動作太慢，還說自己20年來，從沒見過比她動作更慢的人。假如譚雅不趕快加緊腳步，公司不僅會開除她，還會讓她未來的老闆都知道她有多慢。

這樣的責備讓譚雅崩潰了，她非常焦慮且抑鬱，也導致她動作變得更慢。她大可以辭職，但她想起我們的約定，於是她開始駁斥非理性信念。

她尤其駁斥了上司瑪麗亞那有失公允的信念，因為她根據20年前、與現在情況完全不同的打版經驗，去責備譚雅。瑪麗亞完全沒有想到現在的打版工作與過去相比，是多麼複雜，自然需要更多時間。譚雅駁斥瑪麗亞的不合理行為，並很快地得到這樣的自我陳述，「讓我們假設，所有人

都認同她對我非常不公平。但是誰說她應該要公平的？事實上，她又怎麼可能做到公平。畢竟根據我對她的認識，她就是不太公平呢？好了，該死的，她很不公允！那就這樣吧。我不需要太認真看待她的不公或對我的貶低，也不必跟她一樣，用不合理的態度對待自己。我可以**公平**看待她的不公。她想不公平就讓她去。我會認清狀況，不因為她有失公允而打擊自己。」

　　在進行這樣的駁斥後，譚雅有生以來第一次，妥善地處理了瑪麗亞的怒氣，並拒絕因為這件事退縮。譚雅徹底冷靜下來，並尋找另一份工作，畢竟她實在不喜歡臣服在瑪麗亞不公平的批判下。但她刻意繼續留在那份工作中，即便她已經克服了內心的受傷與憤怒，因為她想知道在陷入下一次的沮喪之前，到底能撐多久。

　　在接下來的幾週，譚雅留下來並繼續忍受瑪麗亞更過分的批評，後者因為發現自己居然不能讓譚雅生氣，而變得情緒很差。因此，她試著變本加厲，卻無疾而終。

　　因為譚雅駁斥了非理性信念，並在瑪麗亞持續對自己施壓的情況下，繼續工作。她終於清楚發現，自己確實能在焦慮與憤怒失控前，控制住它們。無論瑪麗亞如何挑釁，她都能待在那困難的環境下工作，也凸顯了她了不起的情緒控制能力。她最後還是被瑪麗亞開除了，因為瑪麗亞忍受不了譚

雅鎮定自若的新態度。而譚雅也用非常淡定的態度，接受開除。自此之後，面對上司的批評，她不再那麼脆弱，也鮮少在絕望與憤怒的狀態下，辭去一份工作。

刻意痛苦之後……

跟隨譚雅的腳步，你也可以刻意處在非常痛苦的環境下，像是和處事不公或愛抱怨的老闆、伴侶、親屬、朋友等人待在一起。努力磨練自己因為對方用你認為不恰當的態度對待你、而輕易陷入沮喪的傾向。請和他們待在一起，不要逃避，直到你不再感覺痛苦。接著，才去思考繼續待下去到底是不是利大於弊，以及你需不需要離開。當你愈能控制自己對他人惡劣行為的過度反應，你就愈能訓練自己不受焦慮所控制。

Chapter 22
獎勵面對痛苦的自己：
增強技巧

在你面對了過去總是不斷逃避的難題後，
允許自己去做輕鬆、愉快且不費力氣的工作。

數世紀以來，古今中外的父母、老師、哲學家、宗教領袖與所有人類行為塑形者，經常透過獎勵表現良好者、並懲罰表現拙劣者的方式，來左右人類行為。而這個方法多數時候也確實有效。巴夫洛夫（Ivan Pavlov）是首位利用此方式來制約動物的科學家，而在其之後，也有許多科學家開始利用此方法來鼓勵好行為，同時抑制不想要的行為。

　　1920、1930年代，史金納（B. F. Skinner）透過多項心理學實驗，證明「操作制約」（operant conditioning），是鼓勵兒童與大人根據自身最大利益去行動的重要方法。他的意思是，當人們完成某項任務後，如果能用他們期待的回報來獎勵或強化他們的行為，與沒有任何獎勵相比，前者更有可能再次做出相同的行為。而這種增強的續發後果（contingencies of reinforcement），會為他們完成某些任務（像是解決問題或寫功課），奠定一定的基礎。因此，行為得到的增強次數與回報愈多，他們就愈會去做這件事，反之亦然。史金納強力主張，這是動物與人類的天性。而這個機制，能讓人們做出更多良善或有益的行為，並阻止不好或無益的舉動發生。

　　追隨巴夫洛夫、史金納與許多行為科學家的腳步，行為治療運用增強的原則，幫助案主克服異常的情緒與行為，再以健康的情緒和行為取而代之。而數百個對照實驗，也證實

了增強的效果。因此，REBT經常使用此技巧，再加上其他認知、情緒與行為方法，來協助人們控制焦慮。

平庸焦慮案例：失敗的自己，就是笨蛋！

40歲律師西奧多，長久以來在各方面都深受表現焦慮所困擾。他很擅長考試、工作面試、在開庭時維護客戶權益，也擅長多種運動。但在進行這些事時，他會陷入嚴重的焦慮。但他並非害怕失敗，而是擔心沒能表現得出類拔萃，只是普普通通，讓旁觀者失望。因此，儘管他的表現已經顯著地超越平均，每當考試的日期一定下來，他就開始擔心自己表現得太平庸，「丟臉的」平庸。等到發揮實力的日子逼近，他會更憂心忡忡。甚至在結束後，即便他確實表現得很好，他還是擔心親友認為自己不夠出色，覺得他不過是個泛泛之輩。這對他而言，就是鄙視。雖然從來沒有任何朋友因為他那「平庸」的表現而瞧不起他，但他總認為對方只是出於禮貌，內心其實看不起他。

或許是接受過法律訓練的緣故，在我一跟西奧多解釋REBT的ABC後，他很快就掌握住了。他尤其擅長在陷入焦慮時，釐清自己的非理性信念。這對他而言，相對簡單，畢竟他一生出現過並折磨他的非理性信念，全都是圍繞著幾項

簡單的主題而來。基本上，只要有重要的表現機會到來（即便還要好幾個月後），他就會強烈且深信不疑地對自己說，「我必須透過這次的表現，再次證明我是有能力、有價值的人！有些人認為只要自己能對其他人友善、嚴格遵守道德教條，就是一個好人。但我知道那很愚蠢，因為這些事情誰都做得到，也只能換得普通的稱讚。多麼愚蠢啊！要成為有價值的人，顯然意味著擁有倖存並表現優秀的能力。達爾文是對的，適者生存適用於所有人。而所謂的適者，就是能有效解決重要生存問題者，這也再一次導向了必須要有能力。因此，要想成為優秀、有價值的人，我必須要能通過各種能力測驗。失敗意味著自己是真正的笨蛋，是無法競爭、也不能出人頭地的弱者。因此，儘管我顯然不需要每件事都做到出類拔萃，因為這樣的要求根本不切實際。但我必須通過每一項關於能力的重要測試，並在這些測試中打敗其他人。我們不要再爭論這點。我**必須**在重要領域中，表現優異，否則我就不能展示自己成為贏家的能力，也無法存活下去，甚至過得淒慘潦倒。無庸置疑的，在重大事物上，人類價值取決於他的能力。不這麼想，就跟絕大多數人一樣，不過是在自欺欺人。我不一樣。我會接受成為最適者的存活挑戰賽，我會不顧一切地在重要任務中發揮實力。我必須這麼做。必須。」

如同上述所說，西奧多有非常多「在測試中必須成為佼佼者」的信念，並因此被焦慮所籠罩。在我們第一次進行REBT療程時，他就找到某些信念。而在經過數次療程與數次填寫REBT自助表格後，他更是對一切了然於心。然而，起初，了解自己的情況，並沒有讓他的焦慮因此減少。隨著新的能力測試出現，尤其在出庭表現方面，他仍舊過度憂慮，而不是適度地擔心自己會表現不好。

西奧多開始拒絕處理那些需要上法院、在法官與陪審團面前進行審問的法律案件，只接受需和對方律師進行和解協調的案件。但此舉不但沒能減少他的焦慮，反而讓焦慮揮散不去。因為這樣一來，他的失誤（如果真的發生了）就會非常明顯，且絕對比他在開庭時，與對方的一、兩位律師進行協商所出的錯，來得「可怕」。只要他一想到這個案件很有可能需要踏上法庭，他就會拒絕，並把案子轉交給律師事務所裡的另一位合夥人。

為了幫助他克服焦慮，我力勸西奧多接下所有可能需要上法院的案子。我向他解釋，這麼做能讓他面對嚴重的焦慮，而不是逃跑。在強迫面對下，他將能意識到自己特定的非理性信念，並有動力去處理。而且比起逃避，這在克服焦慮上能帶來更大的進步。換句話說，我強烈建議他利用實境去敏感化法，來面對踏上法院的焦慮。

西奧多一聽到我所制定的打擊焦慮計畫，變得更為焦慮，並在非常不情願的狀況下答應了。但由於他當時幾乎已經拒絕掉了所有可能需要開庭的案子，因此這個計畫根本沒機會實現。所以，我請他運用史金納的操作制約方法。我們確定了他確實非常擅長庭外和解，而他也樂在其中。當律所中的其他律師只能爭取到1萬美金的和解金時，西奧多卻能讓對方同意掏出兩至三倍的和解金。因此，在明白自己替客戶爭取到非常棒的結果後，西奧多自然更想要透過庭外和解的方式，來處理案子。律所很清楚西奧多的能力，也刻意將很有可能爭取到庭外和解的案子，都交給他。

為了確保西奧多取得更多能上法院的案子，我們制定了在接下來幾個月內，他必須遵守的一對一規則。每當他參與了一個能庭外和解的案子，就必須接另一個有極高機率可能需要他上法院進行和解的案子。倘若他能遵守，就應該會有一定數量的開庭案件需要他努力和焦慮。而這也讓他有機會使用REBT，來駁斥自己的焦慮。在他接手那些會引發焦慮的案件後，他才能（也只有在此情況下可以），接受下一個能讓自己享受庭外和解的輕鬆與滿足的案件。

儘管西奧多一開始非常猶豫，但他還是同意這麼做。他強迫自己接下一樣多數量的庭外和解與開庭案件。起初，他非常焦慮，有時甚至感到恐慌。但隨著他繼續這麼做，他的

焦慮開始下降，也變得更有能力處理過去總是不斷逃避的開庭案件。每當他因為開庭案件而陷入焦慮，他會更認真運用REBT中的技巧，來控制焦慮。很快的，他在運用這些方法時，變得更為放鬆與嫻熟。因此，在西奧多一直逃避開庭案件，也不願意克服焦慮的情況下，將接下庭外和解案子作為獎勵的操作制約技巧，確實有效，讓西奧多願意暴露在觸發焦慮的開庭案件下。

破除「逃避」魔咒，現在就面對非理性恐懼

同樣的，每當你因為考試、工作面試、運動賽事、公開演講，或任何需要發揮實力的活動，而感到焦慮時，你經常會找到辦法來逃避，從而暫時逃離焦慮。但不斷逃避的結果，就是讓焦慮埋在心裡，並逐漸累積。因此，不如設法暴露在可能的恐慌下，強迫自己反覆經歷這些事。同時，針對導致你焦慮的基本非理性信念，進行駁斥。倘若你無法刻意暴露在這些情況下，運用增強的續發結果或操作制約的原則，幫助自己做到。

在你面對了過去總是不斷逃避的難題、焦慮觸發事件後，允許自己去做輕鬆、愉快且不費力氣的工作。不要逃避，不要放棄。堅持下去，直到你能（或許在不需要任何增

強機制或回報下），例行性地去做那些你非常害怕的任務，並解決自己對此事的非理性恐懼。短時間內，你或許會遇到困難，甚至變得更焦慮。但長久下來，你終能真正地釋放自己，將過度憂慮最小化。

Chapter 23
一旦獎勵無效，
讓懲罰上場

懲罰機制奏效了。
讓他儘管痛恨那麼做，還是選擇面對。

史金納認為，透過獎勵與增強機制，能促使人們去做困難的事情，但你不能利用威脅或懲罰，來達成同樣目的。這是因為人們喜歡反抗懲罰，認為其不公正，有時甚至會故意作對。因此，假如你對小孩或大人說，絕對不能進去某個房間、櫃子或地方，否則他們就會受到嚴厲的懲罰。某些時候，他們會刻意違反你的禁令，想盡辦法闖進那個房間或櫃子。他們認為這就像是一場挑戰，忽視或不在乎你可能給予他們的懲罰。

　　史金納的論點有對的地方，但其中也有不對之處。倘若你已經沉迷於自我傷害行為（如抽菸），那麼光憑增強技巧或許無法讓你戒掉菸癮。成癮的行為能帶給你極大的快樂，因此再多的回報，都很難讓你戒掉它。舉個例子，你可能非常喜歡看一個電視節目。但你規定自己只有在不抽菸的情況下，才能看那個節目，這樣你或許還是會選擇抽菸。對癮君子而言，欣賞節目所獲得的快樂強度，根本不足以和抽菸相比。因此，看電視沒辦法成為有效的獎勵。

　　換個角度來看，倘若每次犯了癮之後，你都會嚴格懲罰自己，這麼做或許能幫助你戒掉。比方說，假如你每抽一口菸，都要把燃燒的菸頭放進嘴裡，或用50美元紙鈔來點菸，那麼你或許很快就會戒菸！或者，你因為抽菸患上肺氣腫，並知道自己極有可能迅速奔向肺癌的懷抱，那麼你很快

就會停止抽菸。

如果做不到，就捐 1,000 美元給討厭的團體！

　　基於這個原因，REBT 有些時候，會鼓勵你運用堅定的懲罰行為，來幫助自己克服嚴重的焦慮或其他情緒困擾。當然，要是增強技巧管用，那就太好了。但倘若你已經嘗試過，卻失敗了，那麼你或許可以考慮懲罰。

　　舉例來說，西奧多利用「只能視自己出庭情況，來決定是否接庭外和解案件」作為增強手段，大幅度地克服了出庭焦慮。但有一次，這個手段失效了。當時，他按計畫出庭，對手是非常無禮的律師，總是想盡辦法讓別人不好過，且為了成功常常不擇手段。西奧多和這位律師交手過，但總是失敗。因此，西奧多一點都不希望和這個人再交手。他已經安排好，準備將這個案子轉交給其他合夥人，逃避這一場訴訟，但他同時也深深痛恨這麼做的自己。他平時的增強機制──允許自己安排庭外和解，失效了。因此，在療程中我們討論起這件事時，他決定要是自己還是不接受這個出庭案件，他就要捐出 1,000 美元給他一直很反對的偏激仇恨團體，作為懲罰。他甚至手寫一封信給這個團體，並在信封中附上 1,000 美元，然後在信封外頭寫上該團體總部的地址。

倘若他因為那難纏的對手，而選擇逃避這起案件，他就要把信寄出去。

　　懲罰機制奏效了。那封信從未寄出，他按計畫出庭，儘管最後因為對方使出不正當手段，輸掉那場官司。即便如此，他並沒有感到焦慮或抑鬱。他為逃避出庭案件所設下的懲罰，殺傷力很強，讓他儘管痛恨那麼做，還是選擇面對。

　　你也可以使用懲罰手段，雖然你可能只是偶爾用這個方法，或只有在極端情況下才出此策略。當你很確定去做某件事是正確的、因其最終能讓你的焦慮程度下降，卻又因為要做這件事而非常焦慮，你首先必須審視那個讓你踏不出這一步的非理性信念。舉例來說，看看你是不是一直對自己說：「倘若我這麼做（像是質問伴侶為什麼在某件重要事情上撒謊），我會非常焦慮，而我忍受不了這種焦慮。」接著，積極且堅定地駁斥非理性信念。然後，強迫自己去做那讓你焦慮到死的攤牌行動。要是你實在無法逼迫自己去做，可考慮在完成行動**後**，給自己一點獎勵，來強化這個行為。倘若這麼做還是無效，也可以設下嚴厲的懲罰，同時確保只要自己沒去做那引發焦慮的攤牌行動，這個懲罰就一定要執行。短期來看，你或許會感受到比過往更嚴重的焦慮。但長久下來，你的焦慮會減輕。請試著強迫自己，看看成效。

Chapter 24
「扮演」更好的自己：
固定角色治療法

量身打造一個固定角色，
用最大的努力去表現它，將這個角色發揮到極致。

喬治‧凱利（George Kelly）是深具前瞻性的認知行為治療師，但他似乎從未試著以駁斥非理性信念的方式，來幫助人們控制焦慮。相反的，他鼓勵人們去反抗這些信念，尤其是透過他的固定角色治療法（fixed-role therapy）。

面試焦慮案例：他們會認為我是沒救的白痴！

例如，假設你非常害怕爭取更好的工作，因為你確信面試過程會讓你非常痛苦。你有教育背景、有經驗，也有能力去爭取顯然比現在更好的工作，但你知道自己必須經歷好幾次的面試，而過去的經驗讓你知道，你不擅長面試。因此，你留在當前低職等的位置上，或只敢爭取那些不太具挑戰性、面試官也因此不會對你很嚴厲的工作機會。你自然非常明白自己在求職方面的焦慮與軟弱，而你也因為自身的膽怯瞧不起自己，痛恨自己永遠都不敢去爭取能提升能力極限的工作。

如同過去，你使用REBT的ABC，分析自己的非理性信念：「我超級不擅長面試，所以**絕對必須**想辦法改進。其他人都不像我這樣焦慮，也因此能得到任何他們想要的工作。我的焦慮就像是最糟的障礙，只要焦慮不消失，我這輩子的職涯就沒救了。這個弱點太糟了，讓我變成完全沒用的人。

要是我沒這麼焦慮，我就會表現得很好，我真痛恨這樣的自己。我真的快要崩潰了！要是面試官看到我在他們面前止不住地顫抖與發抖，連個問題都答不對，他們會怎麼想我？沒救的白痴！他們沒錯。這世界上有這麼多缺陷，為什麼我偏偏有這個最要命的缺陷！職場上的人會輕視我。朋友要是知道了我這輩子只能屈居於現在這份爛工作，永遠都沒辦法往上爬，肯定也會瞧不起。家人也知道我有多差勁，畢竟我有這樣的學歷與經歷，卻還是在職場上駐足不前。我真的絕望了，而大家能輕易地看穿我，知道我這輩子不會有什麼成就！」

利用REBT，你駁斥這些非理性信念，並獲得合理的反對意見。你明白自己的焦慮是缺點，但絕非世界上最糟的事。你知道你命令自己在工作面試上，保持鎮定，從容自若。但正是這樣強迫性的要求，導致你焦慮不已。你了解焦慮不好，尤其是在面試時，但你也知道這僅不過會剝奪你一點點實力，不至於讓你變成沒用的人。你明瞭面試官或許根本不會因為你很焦慮就輕視你，有些人甚至根本沒發現你有多緊張。你也知道那些發現你焦慮的人，或許不會想雇用你，但也不意味著他們認為你就是個會崩潰的人。你明白因為焦慮而痛恨自己，是不對的。該怨恨的對象是焦慮，而不是你自己，且你應該盡最大的努力去修正。畢竟你也知道，

倘若你真的非常痛恨自己，只會讓你變得更焦慮，進而「證明」了你不可能通過任何一場面試。你清楚朋友根本不會在乎你的低階工作，也不太可能因為你繼續做這份工作而跟你絕交。你明白家人確實不喜歡你從事這份低階工作，但他們還是愛你並接受這一切。你知道自己真的有些許困難，但即便你永遠都沒克服求職面試的焦慮，也絕對不意味著你這輩子就注定一事無成。

為自己量身打造新角色

駁斥非理性信念讓你受益無窮，你感覺好多了，並決心對付焦慮。因此，你使用了凱利的固定角色技巧。首先，坐下來，描寫自己，一個就各方面而言，與面對焦慮及困境的你相比，態度與感受都非常不同的自己。這是相當樂觀的側寫，內容或許近似於此：

工作面試不太會讓我緊張，因此我不斷尋找比當前更好的工作機會。我知道自己的能力，也有良好的工作經驗，我相信自己能讓面試官看到這些。要是我沒能妥善地回答他們的問題，我會停下來思考，並再次嘗試。倘若我有一段時間陷入焦慮，我會以平常心面對，然後繼續努力。每個人在求

職面試上總會有點焦慮，我猜自己也不例外。因此，因為焦慮貶低自己一點意義也沒有，我會努力不這樣做。倘若面試官不喜歡我，我會明白他們只是認為我不是這份工作的最佳人選，而不是不喜歡我這個人。要是我沒能爭取到某些工作，我明白親友在看到這些失敗後，還是會接納我這個人，也不會徹底瞧不起我。我知道多數人之所以面試失敗，是因為光是一份工作，面試官可能就要跟20個申請者進行面試。因此，儘管我失敗了，我還是會繼續嘗試。我很確定有一天，我會找到自己想要的工作，並保住那份工作，和它一起成長。

寫下這類樂觀且有幫助的側寫，然後瀏覽數遍。將內容深深埋進你的腦袋。想像自己一點都不焦慮，或是就算暫時感到焦慮，也能順利進行工作面試。設想自己能處理困難的問題與情況，並給出適當的答案。接著，在一段時間內，像是一週、一個月或數個月內，表現得就像那份側寫實際上就是照你而寫的。用最大的努力去表現這個角色，彷彿這是你參與演出的劇本。如果你覺得有值得添加的部分，請不時去修正，並將這個角色發揮到極致。在固定角色側寫活動中，你為自己打造了新角色。而扮演這個角色一段時間後，你可能會發現，你實際上也獲得了新角色的某些特質。

比方說，莎拉對於爭取資深會計師工作一事，非常焦慮。因為她的美國會計師（CPA）考試，已經失敗了兩次。多數她所爭取的工作，都要求申請者必須通過CPA考試，或至少已經通過該考試的三個項目，而且其餘項目也是通過在望。莎拉並不符合這些標準，她也明白多數工作都不會錄取她。因此，她產生了以下的非理性信念：面試官會因為她考了兩次、每科都全軍覆沒的事情，認為她真的很笨。但在駁斥了非理性信念後，莎拉的焦慮程度大幅下降。接著，她替自己描繪了一個固定角色，那個人鎮定自若，能完美解釋自己為什麼沒能通過CPA測驗。之後，她在三份工作面試上，試著扮演這個角色。其中一份工作她沒有拿到，另一份工作差一點拿到，第三份、也是最好的一份工作，她拿到了，因為她堅定地扮演著她為自己量身打造的固定角色。

　　所以，再強調一次，無論是什麼樣的表現場合，只要你感到焦慮，甚至嚴重到會影響表現，請找出引發焦慮的非理性信念，質問並挑戰它，直到你看破其中不真實的地方。接著，不妨針對此情況，量身打造一個固定角色。當然，這個技巧不見得總是有效。但搞不好你會變成出色的演員！

Chapter 25
焦慮，需要吃藥嗎？

即便藥物看似很有效，也不要只依賴藥物。
它或許能帶來幫助，但你也可以對自己伸出援手。

除非是特殊情況，不然認知行為治療中的某些派別及其他類型的療法，是反對在心理治療中依靠藥物。這些治療方式認為，幾乎所有的焦慮與情緒問題，都是後天學會或制約而來的。REBT可不同！儘管REBT強調建構主義，認為人們的精神困擾絕大多數都是自己創造出來的，並因此可以重建人們的認知、情緒與行為（儘管很難）。但REBT也主張，這些人生理上就傾向於遇上這些困擾。是的，他們的失常思維、感受與行動，許多都是學來的，但不要忘了，他們就是生來易受暗示、可教育且易受制約！

　　事實上，REBT主張，或許全人類都能以健康的態度，去面對生死攸關的問題，尤其是自出生到老年會遇到的危險，否則就不可能存活下來。但人類也可能出現不健康或自我挫敗的行為，像是對困難反應過度，或過度低估問題。人們出生長大，就是要學會如何幫助自己，但也會做出不利於自己的錯誤決定。他們經常做出神經質或自我挫敗的行為，有時還容易出現嚴重的精神困擾，像是重大的人格障礙與思覺失調。然而，幸運的是，在絕大數情況下，他們都能做出具建設性的自助行為，否則他們不可能存活。此外，一旦他們對自己及社會福祉造成傷害，他們也有能力去察覺自己失常的思維、感受與行動，並能大幅修正。這個行為是人性使然，但他們也可以透過閱讀並遵照本書中的指導，再加上許

多方法，學會如何變得具建設性。

　　尤其是生理與社會因素所導致的焦慮，可以透過多種生理與心理方式來控制。近期，針對大腦、中樞神經系統及生化機制的研究，發現了焦慮的許多生理面向。因此，一旦察覺到危險或困難的處境，大腦會立刻開始運作。杏仁核會發送訊號到前額葉皮質，後者再反過來向杏仁核發送擔憂的訊號。接著，身體會有許多部分開始投入多種生化機制網絡的運作。

　　為了喚醒你，同時讓你平靜下來以面對當前問題，身體採取了多種應變措施，像是產生血清素、尾狀核腫大、扣帶皮質過度活動、內分泌系統運作（如腎上腺素激增）、神經傳導物質分泌、自律神經系統運作、呼吸頻率改變等各式各樣的生理反應。每天都會發現更多關於正常擔憂與過度焦慮的生化面向，倘若忽視，就過於愚蠢。如同美國精神科醫師愛德華・哈洛威爾（Edward M. Hallowell）所說，「憂慮者似乎遺傳了神經脆弱性，生活中的任何事件都可能觸發這種擔憂心理。」

　　讓事情更為複雜的是，你的身體強烈影響了你的神智與你對焦慮的感受，反之亦然！強烈的情緒能傷害大腦、更會損害免疫系統，從而導致暫時性、甚至是永久的生理問題，而這些症狀又反過來加重你的情緒反應。一旦功能失調，相

應的症狀恐怕會循環出現，幾乎沒有結束的一天。

但也不要妄下結論，認為焦慮容易致癌，而健全的思維能迅速治癒所有潛在的致命疾病。倘若你**過度**關注生理與心理的連結，如同近期某些暢銷書所提倡的，恐怕只會徒增焦慮！

當焦慮不只是心理問題⋯⋯

假設你的焦慮，尤其是你對恐慌的感受，很可能涉及了生理與心理因素，那你該怎麼做？以下幾點非常重要。

第一，假設你在某種程度上，確實因為非理性信念而感到沮喪（即便你的焦慮有著強烈的生理因素）。只要找到非理性信念並予以駁斥，你很有可能改變它，並降低焦慮的感受。因此，無論如何，請找出你心中的三大**必須**與**要求**，接著打消這些念頭。但請保留與其相關的健康偏好。與此同時，試著找出其他伴隨著「必須」的核心非理性信念，像是災難化、我承受不了，以及因為他人沒能如你所求那樣對你，而詛咒自己或他人。

接著，運用本書提到的多種認知、情緒與行為方法，強烈且堅定地駁斥非理性信念。努力在數週或數月間，使用這些方法。不要因為這些方法還沒奏效，就妄下結論它們沒有

用。請堅持下去！

　　倘若這些方法的成效不彰，再去思考生化方面的介入。了解近親之中，是否有人因為嚴重的焦慮等情緒問題，而深感困擾。找出他們復原的辦法或哪些藥物是有效的（倘若有服用的話）。焦慮敏感度（anxiety sensitivity）通常具有遺傳性，因此調查這些問題，有助於更正確地診斷你可能具有的生化異常。

　　倘若你認為自己的焦慮之中，可能存在著生理因素，請去見家庭醫生或內科醫師，告訴對方你的症狀及病史。倘若沒有發現常見的醫學病因，請轉而向精神科醫師求助，尤其是擅長精神藥理學、且有用精神藥物治療過許多人的醫生。

　　準備好接受精神藥理學醫師所開給你的抗焦慮、抗抑鬱劑或其他藥物。在適當的劑量下，它可能對你有益，但也可能有害。每個人情況都不一樣。市面上可見的精神藥物中，有些或許短期能大大緩解你的病情，或是對你長期大有幫助。請與醫學合作，嘗試看看！

快跑，別用走的，找到願意運用 REBT 的人！

　　即便藥物看似很有效，也不要只依賴藥物。它或許能帶來幫助，但你也可以對自己伸出援手。研究指出，即便藥物

在短期相當有效，但就長期來看，CBT能更有效地防止人們再次陷入焦慮或抑鬱。另一方面，某些藥物確實相當有效，但要是你對服用這些藥物有著非理性的恐懼，請務必針對引發恐懼的非理性信念，進行駁斥。畢竟，有可能對你來說，REBT再加上適當的處方藥物，是最好的治療。再一次強調，請在精神科醫師的建議下進行嘗試。

警告！絕對不要擅自嘗試藥物！尤其是鎮定劑，它有上癮的可能，且會導致睡眠障礙和運作機能失調。在用藥前，絕對要接受妥善的醫療諮詢。畢竟，用酒精或其他藥物來治療自己，絕對非常危險！

一旦自助方法和／或藥物，都無法顯著改善你的焦慮，請務必試著找有執照的心理健康專業人士，進行心理治療。畢竟，在極端焦慮時，去尋求幫助是很有意義的。雖然說我確實有某些偏見，但我還是會對你說，快跑，不要用走的，跑去離你最近的心理師、社工、諮商師，或你能找到的精神科醫師等，願意運用REBT或CBT的人。

Chapter 26
態度準備好了，
焦慮自然會變小

逆境永遠都在。而真正去接受不能改變的事物，
才有辦法讓焦慮最小化。

在我就要完成這本書之際，凱文·費茲茅理斯寄給我一本他的新書：《你需要的是態度》（*Attitude Is All You Need!*）。他是很不凡的諮商師，出版了數本出色作品，內容取材自柯日布斯基的普通語義學原則，以及亞洲哲學家思想與REBT、CBT的原則。他是一位獨立思想家，我非常推薦閱讀他的書籍，尤其是《你需要的是態度》。這本書能幫助你控制焦慮，克服情緒困擾。凱文尤其詳盡地解釋了無條件自我接納，以及你如何透過思考、感受與行為，來實現無條件自我接納。

在那本著作中，凱文特別提及了人類的焦慮或壓力問題，並告訴你不同的面對態度，會決定你是承受著最大的壓力，或是能將壓力減到最小。同時，也讓你明白，你選擇怎樣的態度，決定了你會承受的壓力大小。請容我列出他所提的不同態度。但為了有助於你更好地運用REBT，將焦慮感減到最低，我會調整他的說法。

態度改變了，壓力也會不同：五大應對態度

根據凱文的說法，人在處理環境中的壓力源，或是面對那些不斷挑起想法、感受與行為的衝突與徬徨，可選擇用以下五大態度來應對。

接受：這種心態是出於沒有選擇、沒有欲望、沒有差別、沒有比較，也沒有評估。一旦你的想法是「接受」，你能平靜地接受「就是如此」。因此，你接受別人就是那樣子，也接受環境與事情的本貌。

　　尋找：這種心態是出於追求選擇。尋找是去探索、展開計畫、開始積極主動、著手解決問題、腦力激盪、尋求可行選項、找出可能性。因此，你研究著能讓自己發揮更多能力的方式。你搜索著能讓地方／事情變得更好的方法。

　　偏好：這種心態是出於希望、需要、更想要另一個選擇。人有偏好時，會知道自己想要或喜歡什麼，但也清楚自己必須接受的情況。因此，你希望自己能做出不一樣的行為。你想要這個地方或這件事變得更好。你期待人生能變得更好。

　　應該：這種心態是出於知道孰是孰非、有清楚的判斷、做出明確的選擇、相信自己知道怎麼樣才是對的。「應該」是做出單一選擇，而不是像偏好那樣，渴望得到另一個更能接受的選擇。因此，你認為人們應該要做出不一樣的行為。你認為這個地方與事情理應要改變。

　　必須：這種心態是出於不接受藉口、拒絕變動、不甘心居於劣勢、不容忍缺陷。一旦你的態度是「必須……」眼前只有一條道路或一個選擇，而你會致力於實現它。因此，你

認為其他人**必須**改變。人生在世**必須**受到更多的尊重。

如果你依照凱文的建議，調整態度，就能減少負面壓力和焦慮（因為這會妨礙你進步，讓你無法達成目標），同時提升良性的壓力，使你能夠完成目標，取得進展。他認為，「接受」一切的人，因為不用做出選擇，所以毫無壓力。而抱持「尋找」態度，會讓人產生極小的壓力。秉持「偏好」心態，會激發輕微的壓力。擁有「應該」想法，會產生中度的壓力。保持「必須」信念，則是讓人壓力最大。另外，凱文也提出，從「苛求」的程度來看，「接受」一切的人，無所苛求。「尋找」的苛求程度極小。「偏好」會人產生輕度的苛求。「應該」的苛求程度適中，而「必須」則是絕對的苛求。

新的態度指南，更有助於對抗焦慮

凱文的觀點很好。但我對他的接受、尋找、偏好、應該與必須的定義，有些許異議。儘管它們與REBT中的概念重疊，但我覺得還不夠精確。因此，我改變、調整了一些內容，重新分類如下。我認為以下的分類更精確，也更有助於你對抗焦慮，讓它最小化。同時，還能最大程度地保留你的

渴望、選擇與目標,讓你得到更多想要的,遠離不想要的。
而經過修正的態度列表如下:

無欲。

沒有選擇。

缺乏目標與目的。

欣然接受。

如果你無欲無求。那你也會沒有偏好、目標或目的。你
發現某個選擇或事物,就跟另一個一樣好。你不在乎。

**想要更好的情況,但也能欣然接受事物的樣貌(順
從)**。你希望人跟事能不一樣,但你全然接受他們此刻的面
貌。你想要更多,但也能接受自己得不到的狀況。你希望人
生可以更好,但即便做不到,你也能欣然接受並享受人生。

渴望並尋找更好的選擇、偏好與目標。你研究了數個選
項、渴望與偏好,並尋找能讓它們更好、更讓人快樂的方
法。你認為人生應該更好,也想試試看能不能找到更棒的選
擇、偏好及目標。

適度偏好。你溫和地希望人與事物能不一樣或更好,但
你能享受當前所擁有的,並會著手改善。你適度地努力著讓
人生更好,但也同時享受當下的許多事物。

強烈偏好。你強烈偏好特定的人事物,認為那才是最適

合你的，但也接受其他可能性。而你也強烈偏好特定的人與事，並試著去得到或達成。但即便沒能成功，你也對當前的人生感到快樂與享受。你強烈偏好其他人的行為能不一樣、事情能更好，並討厭沒能如願的情況。但即便人事物不能如你所想得變得更好，你依舊能過著快樂人生。

最好應該。你知道對自己而言，什麼是對的或最好的，並做出明確的選擇或決定。但要是迫不得已，你仍然可以接受次好的結果。你認為人們最好應該改變自己的行為，環境與事物也最好有所不同。但就算周遭的人事物不是最理想的狀態，或是你無法改變現況，你也能接受。一旦你自己、旁人的表現或情況不如預期，你會感到傷心、失望與挫折，但不會過度焦慮、抑鬱或憤怒。

絕對應該與必須。你要求自己必須做得比現在更好。一旦你表現得不如自己的要求，你就會認為自己是無能或無用的人。你堅持其他人應該要做得更好。要是他們沒能做到你所要求的，你就認為他們是無用且無能的人。你要求事物與情況要比現在更好。如果沒能更好，你認為人生很可怕且一無是處。一旦你的必須與要求沒能被滿足，你會感到焦慮、抑鬱、憤怒和自憐。

倘若你將我的列表與凱文的列表進行比較，你會發現我

的列表就某些方面而言，比較複雜，但也或許更精確。首先，他的清單將「沒有欲望」分在接受之列。但我認為應清楚區分無欲因此無求的情況，與有欲望、目標與目的，但在實現不了時，仍能接受自己活得算快樂的情況。兩者是如此不同！

事實上，我們或許已經發現，人類（與動物）幾乎不可能無欲無求，除非死了或失去意識。生存，意味著擁有欲望與目的，倘若不然，你大概也活得不久！因此，無欲無求在人類身上是相當罕見的。但凱文卻將它分在了接受之列——不選擇，也沒有欲望。就REBT的理論與應用上，接受意味著擁有欲望、目標與認同（當然還是不喜歡這些事物落空）。因此，我清楚提出了這種形式的接受，作為凱文的應對態度的補充。這也是我的清單與凱文的清單，之所以非常不同之處。

第二，在「偏好」此一分類下，我在凱文的應對態度列表中，增添了適度與強烈偏好。這是因為人的欲望與選擇，有明顯的程度與等級。你可以適度地希望在運動場、工作或社交上，贏得勝利。而你也可以對這些事物抱持強烈希望。你更可以深信，人生的快樂與否，將視這些事物能否達成而定。一旦這些追求最終沒能成功，你表現出來的態度在極大程度上，與你的渴望及該渴望的強烈程度密切相關。在實踐

這些行為時，你所感受到的壓力或焦慮，會因為你渴望的**強度**與**力道**，而有所不同。因此，我在自己的應對態度列表內，加上了渴望的強度。

第三，凱文所描述的「應該」態度，對我而言，算是相當差勁的命名。因為在英文中，應該（should）與必須（must）經常為同義詞且可交替使用。這讓他的應該與必須，變得極易混淆。但在某些程度上，「我應該這麼做」和「我必須這麼做」卻非常不同。因為前者往往意味著「我偏好自己應該對人友善，並希望別人能接受我」，而這是合理且有條件的**應該**。然而，「我必須對人友善」，則意味著「我必須不計代價，無論如何都要對人友善，否則我就是無用、惡劣的人」，後者是無條件、且高度受質疑的**必須**。因此，我將凱文的應該態度，改成了最好應該。

第四，我將凱文的必須態度，改成了絕對應該與必須。同樣的，這麼做也是為了讓定義更清晰。他認為，抱持「必須」的想法，也不全然都是壞處。因為「必須會讓對的事情成真。必須是一股驅迫力量，能讓人充滿熱情地採取行動、完成任務。」當然，如果說的是有條件的必須，就像「倘若想要拿到大學學位，就必須交學費，也一定要完成課程。」那這種態度就是有益的。但要是變成絕對且無條件的必須，通常無法成功。比方說，「無論有沒有交學費或修完課程，

我**絕對**必須取得大學文憑。因為我真的太想要了，所以我**絕對**必須得到！」所以，再一次的，我想讓凱文的應對態度更為精確，且更為有用。

兩者結合，用好記有效的方式抗焦慮

在瀏覽凱文那份用來處理壓力與焦慮的態度列表，與我的修訂列表後，我本能上更喜歡自己的版本，但也認為他的版本更為簡潔且容易記住。因此，請容我將兩者結合，提出五種你在面對個人焦慮時，可以選擇的應對態度。

接受。要是真的很討厭現況、卻又無法改變時，接受不喜歡的情況。堅決不因為自己無力改變的事物，而感到沮喪。

尋找。有心尋找更好的選擇、偏好和目標。

偏好。希望得到喜歡的、想要取得喜愛的，並能選擇喜好的事物，但也清楚可能要面對或忍受的情況。

最好應該。知道對自己與其他人而言，最好的答案是什麼，並試著去實現，但也不堅持一定要得到最好的。

絕對應該與必須。知道對自己與其他人而言，最好的答案是什麼，並徹底要求自己與其他人這麼做，而事情發展也

必須如你所願。

　　根據凱文所言，你確實可以選擇一種應對態度，而每種態度都各有利弊。從某方面來說，我同意他的說法。因為即便是「必須」信念，只要有條件地運用，仍能給你動力、活力與動機。因此，倘若你希望能很好、更好或完美地達成目標，你可以做出選擇，然後說服自己，「如果我想要達成目標，我就必須……」這樣也能帶來很好的成果。

　　但在多數時候，REBT主張前四種應對態度——接受、尋找、偏好與最好應該，較能幫助你處理焦慮。因為真正去接受自己想要改變、卻不能（或尚未）改變的事物，才有辦法讓焦慮最小化。畢竟，逆境永遠都在，你還是會對其感到憂慮、緊張和小心。

　　而尋找更好的選擇和目標，可能會讓你感受到一點焦慮，畢竟你有可能找不到它們。但你仍然可以愉快且全神貫注於追尋的過程。

　　在多個選擇中，更偏好某些選擇，則會讓你出現輕微焦慮，因為你有可能挑到「錯的」或「無效的」選擇。

　　最好應該、或知道什麼是最好的並試著實現，則會讓你產生中度焦慮。因為你的知識或許會被證明為「錯的」，或者你的選擇可能是「對的」，卻無法達成。

倘若REBT是對的，那麼選擇用這四種方式來面對逆境，會讓你出現輕微或中度的焦慮，但你可以承受，也不會因此過度緊張或恐慌。而你也會更有機會得到想要的，遠離不想要的。

然而，請注意「絕對應該與必須」的應對（或者該說不合作）態度！我不會說這是你嚴重焦慮的唯一來源，畢竟人類是很複雜的，且在失衡的生化機制、藥物、突然或嚴重的創傷事件等各種原因之下，很容易感到焦慮。然而，我認為當你出現嚴重且持續的焦慮、神經緊張與恐慌，絕大多數時候都是因為你有意或無意地抱持著「蠻橫必須」的信念。

因此，如果你好好思考（我建議你好好想一想），就會發現，只要你對事物抱持「強烈偏好」的態度，那就很難陷入焦慮。而且，就算是極力偏向某個選項，或殷切認為自己最好應該擁有某事物時，也要加上一個相對堅定的**但是**。比方說，「我強烈**渴望**成功，我也認為自己**最好應該**做到。**但**我並不是非要如此，也不需要因為沒做到而痛苦。」「我非常**希望**你的行為能公平且適當，我認為你**最好應該**如此。**但**即便你沒有，我還是能活得好好的。」「我熱切希望生活環境能很好，我也希望**最好應該**如此。**但**就算沒有，我還是能找到讓人喜悅的事物。」

很簡單吧？是的。但如同我在本書中不斷強調的，這並

不容易！我們的本能會將強烈的渴望與偏好，轉變成傲慢自大的必須與要求。你生來就是如此，而愛好競爭的文化背景也將你訓練得如此。但你**不必**如此。你可以選擇不這麼做。你可以獨立思考，在焦慮掌控你之前，控制焦慮。你有能力賦予自己控制局勢的力量。好好把握！

Chapter 27
控制焦慮思維的
104 則理性格言

我會強烈駁斥自己的完美目標和信念，
允許自己具備「不完美的勇氣」。

是時候彙整我在本書中提出來的重點。你的焦慮感受與行為，與特定的焦慮觸發思維有關。但再次強調，你的焦慮情緒與行為，也會顯著影響你的思維，並成為你思維的一部分。你的想法、行為與感受合而為一。這就是人類的行為方式。

因此，要簡化「控制焦慮與恐慌的方法」，是很棘手的事情。因為你需要深深相信一些格言，進而改變自己的思想、感受與行動，缺一不可。這些格言內容有些重疊，意義也有些重複。但幸運的是，儘管它們用不一樣的方式在表達同一件事，它們同時也具有強化彼此的效果。善用格言，很快你就會看到效果。

在本章中，我會強調理性信念的作用，幫助你改變焦慮思維。下一章，我會著重在「改變情緒困擾」的格言上。而最後一章、總結章，我則會以「改變不健全行為」的內容為主。儘管如此，這些格言都牽涉到了以下的因果關係：想法（格言）能控制我們的思想、感受與行為，而我們的感受與行為又會反過來影響思想。奇妙，卻又再真實不過。努力善用這三章所提到的格言，接著靜觀其變。

那首先，你可以強烈且堅定地尋求哪些格言的幫助，好修正思維，不再陷入無盡焦慮？試試看這些。

將絕對必須、應該與要求等非理性信念最小化

1. 我會審視自己的無條件、絕對必須，並調整為強烈偏好，像是「我非常希望能表現優秀並獲得別人的認可，但我不是**必須**這麼做，我的價值也不建立在任何行為上！」「我不是**絕對必須**得到自己想要的。」

2. 我會審視自己以偏概全的想法，改成更具體的內容。「倘若我在重要的事情上失敗了，也不代表我**永遠**都會失敗，我還是可能經常成功。」

3. 我會審視自己的災難化思維。「沒能得到渴望的事物讓人難受，但這並不**悲慘**或**恐怖**。我之後還是有可能會得到夢寐以求的事物。但就算永遠都落空，也只是很討厭而已。地球還是會轉動！日子還要繼續過！」

4. 我會審視將事情個人化的想法。「我失去某段感情的原因，可能是因為我做了某些愚蠢的舉動。但或許還有其他原因，導致這段感情失敗。即便真的錯都在我，我該如何記取教訓，以爭取下一段感情？」

5. 我會審視自己情緒化的推論。「就因為我覺得自己像個失敗者，所以我真的是個失敗者？不，我討厭失敗，而且這一次我確實輸了。但我內心深處的感受只是意味著我是有感情的人，而不是無助的失敗者。」

6. 我會注意自己的想法，避免從一個極端，走向另一個極端。「贏得這場勝利，並不會讓我成為光榮、高尚的人。但輸掉也不意味著一點關係都沒有。當然有關係，且如果我贏了自然更好。但失敗並不會摧毀我，讓我一無是處。」我會審視自己的結論，思考我的行為真的代表我自己嗎？「慘敗並不會讓**我**成為失敗者。我是一個這次失敗了、且在了不起的成功以前，還可能要經歷多次失敗的**人**。」

7. 只要我不過分解讀，失敗是非常寶貴的經驗。當然，我希望自己最終能勝出，但不是非成功不可。

8. 跟我同領域的人，會因為幾次失敗就放棄嗎？倘若他們沒能撐過最初的失敗，他們現在又會有何成就？

9. 我會經常歸納、分類，協助自己去思考，思考我的想法，思考我對想法的想法。但我會試著不要以偏概全，以免犯下哲學家威拉德‧奎因（Willard Quine）所謂的「類別強化」（hardening of the categories；按：指人們對事物進行分類和貼標籤後，這種思維方式逐漸僵化，導致難以調整既定的認知）。因此，我會避免說我的行為等同於我，也會停止用別人的特質來貼對方標籤，更不要把自己的想法當作獨立的實體。

10. 我會拒絕說出「因為我失敗過，所以我注定永遠失敗」或「我是**失敗者**」這樣的話。我也不會說出「因為我經常失敗，所以我**永遠無法**成功」，更不會說「因為我做了些

壞事，所以我是**壞人**」。

11. 我會試著去理解事情並非總是非此即彼、對與不對或非黑即白。更多時候，情況是兼容並蓄，有善有惡，有黑有白，也有灰色地帶。我本人，也同樣有善有惡，有黑有白，有灰色地帶，我也有好、壞等各式各樣的特質。

12. 我最好要理解，以偏概全或過度分類，在邏輯上是錯誤的，也不現實，只會讓我和其他人產生情緒困擾。事實上，**我不等於**我的思想、感受與行為。我有太多不同的想法、感受與行為，不能單純用善惡二分。即便有幾個人愛我，也不代表我人見人愛。就算有幾個人討厭我，也不代表我招人嫌惡。我們不能說這個世界是好地方或壞地方，應該說這裡**擁**有許多善與惡。如同柯日布斯基所說的，人事物無法精確地區分為黑與白、善與惡。而是**擁**有各種特質與狀況，萬一只從單一視角去解讀，就會理解錯誤。尤其當我以偏概全地看待他人及自己那不討喜的特質，確實會造成嚴重不公正。

13. 我會試著敞開心胸、保有懷疑且有實驗精神。我與其他人問題的最終答案，應該受到高度懷疑！我願意接受嶄新且具挑戰性證據的衝擊。但即便是這所謂的「證據」，也可能是出自於我或其他人的觀點、渴望或偏見。絕對且最終的真相，或許根本不存在！

處理災難化思維

1. 要是我用無止盡的「如果」，讓自己陷入焦慮，不斷問自己：**如果**壞事發生怎麼辦？**如果人們對我不公怎麼辦？如果**我做出蠢事並導致壞事發生怎麼辦？我可以如拉查若斯所建議的，問自己**如果**這些事情發生，或我讓事情發生了，**那又怎麼樣？**我仍然可以將焦慮與恐慌，修正成擔心、後悔與挫折的感受。這麼做，能讓我明白多數「可怕的」事情根本不會發生。即便真的發生了，我也可以處理應對，改善情況，或坦然接受事實，並過著稍微**沒那麼快樂、但絕不至於悲慘**的人生。

2. 同樣的，一旦我將未來災難化，我可以想到事物最糟的情況，並感受這樣的處境確實很討厭。但同時明白我有處理辦法，並能過著算得上快樂的人生。畢竟，想像自己**無法**承受逆境發生，只會讓我**更**無法去處理它們。

3. 當我想著那些「可怕的」**如果**，我要記得馬克・吐溫曾說過，「我的人生充滿了種種不幸，只是多數皆未曾發生。」

4. 我腦中確實能想起某些身處逆境，如罹患癌症、失明、耳聾、四肢癱瘓等等的人，仍過著豐富且快樂的人生。逆境壓垮了許多人，但也是因為他們讓逆境征服自己。可是

不是所有人都會認輸！

5. 一旦我用「**如果**」折磨自己，我可以再一次告訴自己，我能處理最糟的情況，再接著去思考這些可怕事情真的發生的機率。而這些機率通常微乎其微。

6. 同樣的，那些嚴重的逆境，如生意失敗、被真愛拒絕，無止盡地重複發生且維持一輩子的機率，又有多高？答案是，很低。只要我不因為這些事情的發生，而摧毀自己。

7. 現實中，幾乎沒有任何事情是永遠的，即便是最嚴重的焦慮與恐慌。只要我不因為它們而嚇壞自己，這些狀態也同樣會過去。

8. 許多事情是不好的，因為我不喜歡。但災難會發生，像是戰爭、地震、飢荒、大屠殺與虐待。我最好不要將那些困難與問題，轉變成災難。波斯人有這麼一句話：「一想到鞋子可能不見我就要瘋了，直到我看到連腳都沒有的人。」

9. 每當我因為事情發展不如預期，而無比焦慮或過度憂慮，我就應該假設自己出現非理性信念，其中包括了絕對的必須、應該、應當或其他要求與保證，且這樣的要求恐怕無法實現。我應該找出心中的必須，並修正成偏好或希望。

10. 我會盡最大的努力，享受當下，並為了能享受未來做準備。在極大程度上，我能控制自己對事件的**反應**。但對

實際發生的事情，我能控制的程度非常有限。我愈堅持想要控制一切，將事情搞砸的機率就愈高。

11. 一旦我擔心著**如果事情發生了怎麼辦**，我會試著去找出要是發生，我能怎麼做的實際辦法。

12. 假如我犯了錯或情況不如預期，我會記得幾乎所有事情，都有下一次的機會。

13. 當我於當下或未來說出「我做不到」，我可能實際感受到了這件事很難，卻也誇大了有多不可能做到。「我做不到」經常讓事情**變得**窒礙難行。「我可以學著去做」就好多了！

14. 通往地獄的道路，是由專制教條與絕對主義所鋪成的，而不是機率或期望。硬是希望自己與其他人展現出「好的」行為，只會讓自己陷入「恐怖」境地。

15. 時刻記住自己的渴望與目標。但對這些事物的實現與否，不抱堅持。只要盡自己最大努力去達成。

能帶給我極大幫助的 REBT 智慧

1. 人生與世界上總是充斥著逆境，我往往無法控制它們。然而，一旦我因為它們而嚴重不安，是我選擇用這種態度來讓自己難受。

2. 我的情緒困擾或許與過去的逆境，有極大的關係。但與我的關係也很大！當我此刻、多年後仍舊為這些事而抑鬱，意味著我仍對過去的事物有著強烈不健康的見解。仍舊如此！

3. 我總是可以改變自己對當下與過去所抱持的令人不安的非理性信念。不僅透過深刻了解它們，更從想法、感受與行為著手，付出大量的努力與練習。沒錯，大量的努力與練習！

4. 如果在了解其他人事物，如何導致我受情緒所困的同時，我還能察覺到，自己對「這些事物何以困擾我」所抱持的信念，是很有益的事。事實上，這些才是我該深刻去體悟與努力的地方。

對行為進行成本效益分析

1. 我會盡最大的努力去了解，擔心、緊張與謹慎的感受，經常能幫助我免於傷到自己，且有助於讓我得到想要的結果。與此同時，過度擔心、焦慮與恐慌，卻經常讓我傷到自己，得到不想要的結果。儘管焦慮與恐慌可能帶給我一些好處，但要付出的代價往往不值得。

2. 一旦我為焦慮而焦慮、為恐慌而恐慌，這樣的行為

也同樣不值得，且往往弊大於利。

3. 因為想到不喜歡的事物可能發生，或想到是自己一手促成的，而陷入焦慮或恐慌，並不會改變這些事，也無法讓情況好轉。相反的，這些負面情緒往往會影響我應對事物的能力，導致情況更糟。

4. 我可以改善情況，來停止自己對困難處境的焦慮和恐慌。但更多時候，我其實無能為力，而焦慮和恐慌只會讓事情更糟。因此，我最好先努力調整自己的焦慮或恐慌，打消內心對「最壞情況**絕對不可以發生**」的強制要求，擺脫「我**絕對承受不了**這些事情帶來的痛苦」的念頭。如同美國神學家雷因霍爾德·尼布爾（Reinhold Niebuhr）所說的，用勇氣去改變自己能改變的，用平靜去接受不能改變的，並用智慧去理解兩者的不同。

5. 對未來抱持一定程度的擔心，並試著未雨綢繆，是好事。但過度憂慮、焦慮或恐慌，只會讓自己無法享受當下，也不能用愉快的心態，看待過去曾享受的事物與關係。

6. 我應該明白，儘管焦慮讓我痛苦且帶來不好的結果，但它或許也有優點與好處，像是不會輕易消失。所以，或許它能阻止我冒險和失敗。我可以如實找出優點，評估是否存在，以及是否值得讓我受焦慮折磨。

7. 我從焦慮中可能獲得的好處：一、人們或許會因為

我的焦慮，更加關注我。二、一定程度的焦慮能讓我遠離危險和麻煩。三、它能令我警覺，並覺得狀況令人興奮或有趣。四、這是一種本能反應，或許會讓我覺得能真正「做自己」。五、我或許能同情自己，並因為這樣的自憐而感覺不錯。六、我說不定會喜歡，將自己視為「被殘酷世界與人們折磨的可憐受害者」。

克服對確定性與完美主義的渴望

1. 我唯一能肯定的，就是確定性不存在。但比起哀嘆確定性不存在，倘若我能在這充滿不確定性的世界裡，保持努力，那麼我更有可能獲得更多想要的，較少不想要的。

2. 不確定性與模稜兩可的狀態有時是一種負擔，但也可以是一場挑戰和冒險。

3. 我不確定自己能取得什麼樣的傑出成就。但我非常肯定，只要用創造力不斷去嘗試，且不追求所謂的絕對保證，我就能享受努力的過程。

4. 我唯一擁有的保證，就是生命盡頭的死亡。但即便是這件事，也很有可能在某天（儘管機率極低），因為科學賦予世人新的身體與維持性命的方法而改變。如果這件事發生了，一定很有趣。

5. 倘若我希望有十足的把握，或是有很大的可能性，事情能進展順利，這種想法沒問題。但要是我得確保事情一定會順利，那我恐怕會陷入焦慮。

6. 假如我認為問題或情況只有一個確切的答案，那麼我就會不能容忍替代的答案或解決方案。倘若我頑固地堅持這個答案，我不僅斬斷了其他退路，更會在得不到答案時，輕易陷入焦慮與憂鬱。因此，我最好保持開放態度，並思考替代方案。

7. 我唯一能確定的事，就是人們有時候能表現完美，像是在某段時間內絕妙地拼出一個詞或解出數學問題。但在絕大多數時候，所有人在面對事情上，都易於犯錯且不完美。因此，我可以試著在某些地方有完美的表現，但這永遠都不會是必須的。

運用模仿技巧

1. 我能以認識的人為榜樣，或向那些在困難處境下仍能理性思考的人學習。

2. 我能找到那些克服真實逆境與障礙，並過著快樂與豐富人生的人物典範。

3. 無論行為好壞、有益或無益，我都可能會有樣學

樣。因此，我最好謹慎選擇楷模，並注意不要變得太容易受到暗示或誘導。我會試著去做那些我把關過的模範行為，然後觀察它們對我的成效。

運用解決問題的方法

1. 生命中的顛簸與困境，讓我有更多令人著迷的難題與挑戰可奮鬥！

2. 人生就是一道接一道的難題。但閃躲與逃避它們，不會讓問題消失，只會讓問題加重。

3. 心中擁有目標，並努力達成目標，不僅讓問題更容易得到解決，甚至能讓過程變得有趣。

4. 倘若我選擇了壓力較小的目標，問題也會變少。但我也可能得到不太有趣且不令人興奮的成果。

5. 我**不需要**做到出類拔萃，也不必選擇困難或壓力很大的目標。我可以**選擇**自己要或不要。

6. 這也意味著**選擇**自己最渴望的，並專注於達成目標。我的選擇可能極大程度上，是出於對享受的渴望，或逃避當前與未來痛苦的欲望。但完成事情的順序沒有絕對。我的欲望在極大程度上，**決定**了順序。

7. 最好不要讓沮喪的情緒，干擾自己學習新能力。即

便感到焦慮與沮喪，我還是能學習。而且，努力學習新能力，有助於我擺脫焦慮和抑鬱。

8. 在腦中想像如何解決問題與磨練技巧，能讓我在現實中表現更好，還能提升我的問題解決能力。

9. 培養技能與解決問題的技巧，需要時間與耐心。而拖延或過早放棄，只會讓我的挫折容忍力降低，也會覺得事情更難處理，並使我不知所措。

10. 在解決問題時，我會進行調查，獲得充分的資訊，去了解其他人的做法。在適當的時候尋求外界的幫助，並試著因為那是有趣且值得解決的問題，去解決它，而不是企圖「證明」自己是很棒的人。

11. 我對自己、他人與外在環境的信念，只是一種見解和假設，而非必然的事實與真相。我最好對這些信念提出質疑、挑戰與測試，尤其當它們似乎是導致我焦慮的非理性信念。我最好不要將這些信念視為絕對真理！

12. 我並非所有事件的焦點。某些人事物或許與我有關，但並不總是繞著我打轉。無論我如何希望或選擇，人們總是做著該做的事，事情也總是照著既定安排運作。我或許不喜歡如此，但我最好學習接受。

13. 撐過這個情況的最好方法，或許是想想看替代方案。然後進行實驗，檢查結果，著手修正。之後，再多想一

想，**繼續努力**！但我並**不需要**找出正確、真實或完美的答案。

對自己和他人抱有信心、希望、決心和關懷

1. 倘若我能對自己處理逆境的能力抱持信心與希望，也經常能讓事情變得更好，那麼要是事情出錯，我就能不那麼焦慮。此外，用謹慎代替嚴重焦慮，往往更能預防事情出錯。

2. 要是我能對自己控制和改變焦慮的能力有信心，我就更能做出必要的努力，改善焦慮。我會放下不切實際與傲慢的要求，並修正成偏好，從而減少或消除心中的焦慮。

3. 假如我相信其他人能給予我幫助、深信上天有好生之德，或相信有高於自身的力量站在我這邊，這樣或許能暫時緩解焦慮。但我不能依賴這些力量，因此，我最好要對自己降低或消除焦慮的能力，抱有信心。倘若我依賴著其他人或外界的力量，但他們卻沒能對我伸出援手，我可能會幻想破滅，變得更為焦慮。

4. 我最好能抱持強烈的人生目標與願景，和追逐目標的熱誠。那麼，我就能擁有值得努力的人際關係與目標，並保有濃烈興趣，能將我的注意力從焦慮轉移走。而它們所給

予我的終身快樂，能讓我即便處在焦慮下，還是能過得更好。這份至關重要的興趣，能凌駕在焦慮之上，並讓我的人生即便受焦慮的侵擾，卻依舊值得。而知道自己擁有強烈的目標與願景，能讓我有動力專注於追求目標，而不是成日掛念著人生的困境。

5. 我會試著找出真正想要做的事，然後全心全意地去做，而不是為了討好他人，去做那些我認為其他人希望我做的事。一旦我全神貫注地做這些事，並試著解決相關的問題，我會試著隨之起舞，沉浸其中，不過分堅持個人的想法。倘若我是為了快樂去做那些事，我就比較不會擔心自己的能力能否得到證明。

6. 我會試著對某些事物或目標，產生長期、重要、著迷般的興趣，並因為這份在乎和想要達成的心，忘卻那些經常讓我感到焦慮的事物。我會真心和那些重要、令人著迷、且對我人生有重大意義的人事物，建立連結。

7. 如同英國心理學家約翰・鮑比（John Bowlby）指出的，我與絕大多數人一樣，生來就有依戀父母、手足與其他人的傾向，不僅有個人層面上的情感連結，也愛著群體。倘若我能運用這與生俱來的傾向，我就能與一個人、多個人或一群人建立起強烈的連結，甚至保持長遠的關係。我能將自己愛人的這份連結感，化為重要的興趣。而這會占據我大量

時間，賦予我強烈的目標，避開瑣碎的焦慮。但我最好不要堅持自己的愛一定要得到回報。倘若事情如願，當然很好，但我也可以單方面愉快地投入其中。

8. 我最好不要過分樂觀，確信事情一定會朝著最好的方向發展，或人生就是一場歡樂的慶典。此種不切實際的看法，或許能短暫消除焦慮，但更有可能在事情出錯時，使我陷入恐慌或抑鬱中。

重新架構逆境與問題

1. 我最好不要將逆境視為全然的惡。它們也有優點和好處，且往往沒有第一時間看上去那樣糟。我會務實地去看待它們，尤其在我反應過度時。

2. 要是其他人讓我感到困擾，我會試著從對方的角度去思考。他們對事情通常有不一樣的見解，而他們有可能是對的！

3. 讓我試著用其他人，尤其是牽涉不多的旁觀者角度，去看待自己的逆境。讓我先跳脫逆境，將事件去災難化。

4. 我可以經常和相當公正的人，一起回顧那些發生在我身上的「壞」事，尤其是被我視為「可怕」的事。這麼做

或許有助於我從不一樣的角度，發現自己的問題。

5. 一旦我非常不想去做那些對我更有利的行為，我可以假裝自己很喜歡、甚至熱切地想做這件事。而這種「**假裝**」，或許可減輕我的抗拒，避免誤事。

6. 我會盡最大的努力，將難以對付的人事物，視作待處理的有趣挑戰，而不是必須面對的「恐懼」。如此一來，我將能擁有更為有趣、而不是可怕的人生。

用「想像力」控制焦慮

1. 我可以利用正面想像或正面視覺化的方式，想像自己做到某些困難、但我想要完成的事，並在腦中進行演練。此種類型的行為演練，有助於我達成目標。

2. 正面想像經常能賦予我自我效能感（self-efficacy）或自信感，讓我確信自己能完成困難的任務，並將事情做好。

3. 我可以運用正面想像或視覺化技巧，看著自己處理棘手的情況，且內心不怎麼焦慮。

4. 如同馬爾茲比所展示的，我可以練習負面想像，看自己在重要任務上失敗或陷入挫折及無力感。一開始，我會感受到不健康的情緒，像是焦慮、抑鬱或暴怒。但接著，靠著將非理性的「蠻橫必須」信念，轉變成理性偏好，我可以

努力把這些不健康的情緒，改變成健康的負面情緒，像是傷心、後悔與挫折。從而訓練自己在事情出錯時，自然而然產生健康的負面情緒。而此種想像稱為理情心像。

用認知分心法，中斷焦慮

1. 由於人類的大腦很難同時專注在多件事情上，因此我能透過許多方法，將專注力從焦慮的漩渦中抽離。但多數方法只能暫時分散注意力，因此我的焦慮思維，包括**必須**、要求等其他非理性信念，很快又會捲土重來。因此，我最好找出這些非理性信念，堅定且積極地進行駁斥，堅守那些關於我人生中真實或潛在逆境的理性信念。但適當的分散注意力，能讓我中斷非理性信念，喘口氣，重振精神以進行積極的駁斥。只要我不是**純粹**依賴這個方法，或用來逃避駁斥，它們就會是非常有效的幫手，能為有效的駁斥做好準備。

2. 我可以嘗試一些分散注意力的方法，像是思考中斷法、冥想、瑜伽、深呼吸、放鬆運動、閱讀、娛樂等等。我可以嘗試一種或多種能讓我感到舒適、且不再感到焦慮的活動。

3. 倘若我執著於可能發生的壞事或「悲劇」（尤其是「要是可怕的事情發生了怎麼辦……」和「假設糟糕的事情

發生了⋯⋯」），我就會著魔般地擔心著。我可以告訴自己，「要是真的發生了⋯⋯」並知道最糟的情況是：這會讓我非常不便，但也不會是世界末日。除非我愚蠢地**定義**，這就是世界末日！

4. 我可以運用正向分散注意力法，從事那些能讓我全身心浸淫其中的事物，藉此打消擔憂，進而真正去享受那些事物。

5. 我可以聆聽自己那喋喋不休的焦慮，用帶著興致的角度、而不是過分認真的態度，審視事件，好分散自己的注意力。此種正念方法，能讓我明白自己不需要被思想控制或主宰。

6. 分散注意力的最佳方法，就是讓自己對一件困難、讓人著迷的問題產生興趣，並堅持不懈，直到沉浸其中、打從心底去享受和投入，並根本沒辦法像過去那樣焦慮其他事。我對解決眼前問題的真實擔憂（而不是過度擔憂），以及試圖找出具建設性解決方案的過程，經常會讓我投入到，根本沒有餘裕去萌生毫無幫助的憂慮。但是，倘若我堅持自己**必須**解決眼前的問題或目標，且**必須**將此事做到最好，就只會陷入焦慮，並打亂我進入有建設性的心流體驗。

7. 藉由全心投入在一件長期、重要、使人著迷的事物，如成立家庭、經營生意或打造職涯，能讓我停止瑣碎的

焦慮,並在數個月、甚至數年內,保持條理清晰且有動力。過去經常出現的擔憂,將變得無足輕重,我也不再有時間去關注它們。但倘若我堅持,在長期目標或興趣上**絕對必須**有所成就、其他人**必須**為此喜歡我並幫助我、**必須**天時地利人和,那麼我只會陷入焦慮,而焦慮恐怕會影響到成果。

8. 給自己安排具體且清楚的任務,並實際去進行,同時不要求做到完美。這不僅有助於自己分散對焦慮的關注,更能帶來豐富且愉快的體驗。

9. 我可以運用愉快的想法、幻想、白日夢、對未來的計畫或其他念頭與想像,來分散焦慮,只要我不堅持這些念頭一定要開花結果。

10. 付出努力,透過想法與行動,去熟練某些技巧、運動、活動、遊戲、表演、藝術或工作,能分散我對焦慮的注意力。只要我不堅持必須登峰造極,也不將個人的價值奠基在這些能力的展現上。

讓自己不再焦慮的理性信念

1. 我可以創造並利用理性因應的自我陳述,來減輕焦慮,只要這些陳述是實際的、符合邏輯且務實,而且不包括死板的必須與要求。因此,我可以對自己說:「我非常希望

人們善待我，情況也能如我所想的發展，但這不是**絕對**。假如我的願望沒有成真，真糟糕，但也不是什麼世界末日。」「我**非常希望**自己能做得好，並得到重要他人的肯定。但倘若沒有，那就沒有吧。很難受，但也沒那麼糟糕。」「我最好能全心相信這些理性陳述，而不是如鸚鵡般複誦它，要真心相信。我最好能堅定且強力地說服自己去接受它們，尤其是我又發現自己故態復萌、開始焦慮時。」

2. 透過向自己證明，心中的非理性信念（尤其是那些「必須」）一點都不實際後，我就能踏實地進行駁斥。畢竟，如果我**必須**做得很好，我根本不可能失敗。如果你**必須**對我很好，你永遠都會如此。如果情況永遠都**必須**絕佳，那自然會如此。顯然的，這些必須根本不存在！

3. 藉由了解「因為我堅持要成功，就必須做到」是不合邏輯的，我就能駁斥那邏輯扭曲的**必須**。同理，「因為我說你必須善待我，你就有義務這麼做」，這樣的論點毫無意義。「因為我要求情況必須如理想般發展，情況就必須如此」，也同樣毫無道理。

4. 我可以很實在地駁斥非理性信念。只要我能明白，倘若我相信自己絕對必須做到最好、別人對我不好是很**恐怖**的，以及我**忍受不了**不愉快的情況，我就會自然而然地感到焦慮、憤怒與抑鬱，並持續陷入低潮。

5. 我察覺到自己的焦慮與多種情緒困擾，基本上都與發生的逆境高度相關。因此，當我很成功且被重要的人愛著，我不會感到焦慮。但要是情況相反，我就會陷入焦慮。然而，相關性不等同於因果。逆境讓我感覺焦慮，但我必須告訴自己，創造焦慮的主因是非理性信念。許多因素都會「導致」焦慮，但非理性信念是最主要的。幸運的是，我有能力改變它。

6. 我最好不要將有條件必須與絕對必須混淆。倘若我想要吃東西，我就必須找到食物。要是我想要降低焦慮，我必須承認自己的焦慮，試圖找出主要原因（像是我的非理性信念），透過行動來改變或消除它。假如我想要某件事物，空等奇蹟發生不太可能讓我達成目的。因此，有條件必須是有用的，且多數時候更是必要的。相反的，無條件與絕對的必須則不一樣。因此，我最好別要求自己在任何時刻，**都絕對必須**表現出色。此外，也不能因為我希望別人對我好，就認為對方隨時都**絕對必須**對我好。所以，我可以保留多個有條件必須，放棄無條件的絕對命令。

7. 倘若我想如荷妮所描述的那樣，保護自己的理想形象，且為了維持它，還必須隨時做到完美無瑕。那麼最終，我一定會落得一個負面形象，並認為自己很沒用。

8. 為了說服自己理性信念是正確且有效的，並確定自

己強烈（亦即充滿熱情）地相信它，我可以與這些理性信念進行激烈爭論，再反駁自己的觀點。或者，我可以讓其他了解我的人，駁斥我的理性信念，再透過我的辯護，來了解自己是不是真的相信它。

9. 我會強烈駁斥自己的完美目標和信念，允許自己具備「不完美的勇氣」（這是心理治療師蘇菲・拉札斯菲爾德〔Sophie Lazarsfeld〕的金句）。我或許強烈希望自己能做得好，尤其在特定的領域內，但仍會堅持不讓這種偏好成為命令。

10. 我總是能忍受自己非常不喜歡的情況，因為：一、我也不會因此死掉。二、我還是可以活得快樂，儘管因為這件事變得稍微沒那麼快樂。三、忍受這件事往往能帶來好處。四、我能從中記取教訓。五、忍受能提高我的挫折容忍力，以及六、倘若我強烈並持續堅持自己不能忍受這件事，只會讓我變得不快樂且悲慘。

11. 倘若我告訴自己，**我忍受不了**焦慮，我一定會變得很悲慘。首先，是因為得不到自認為絕對**必須**得到的，其次則是因為痛苦本身。其實，焦慮只會讓人非常不舒服，但並不可怕，除非我**認為**它很恐怖。

12. 我明白，即便處在同樣不幸的失敗、同樣遭遇到他人不公不義的對待、同樣生活在惡劣的環境中，其他人也不

會如我一樣過度反應，更不會受焦慮及絕望折磨。因此，我的朋友不會因為失敗而咒罵自己，不會因為別人的不公平對待而暴怒，遇到糟糕的情況時只會傷心或失望，而不是恐懼。因此，如同其他人，我也可以選擇自己對逆境的反應與情緒，只要我能理性面對。

13. 倘若我有缺陷，使我想要貶低自己的人格，我也會明白自己是肯定會犯錯的人類，有著無可避免的缺點，其他人也同樣易於犯錯，且不會因為自身缺點就責備自己。我們之中有誰不曾犯錯或有罪呢？

14. 一般而言，正向思維會比負面思維好，只要前者不要脫離現實且過分樂觀。但務實的負面思維，則非常有幫助。像是：「謹慎小心點！」「對於可能造成長遠傷害的即時滿足，最好再想想！」而在積極／樂觀思維，與務實／質疑思維間取得平衡，能帶來最理想的幸福。

Chapter 28
緩解焦慮情緒的
62則理性格言

愛自己與愛他人不見得相互矛盾，
還能為人生增添加倍的益處與樂趣。

我可以透過非常多種方法，來改變自己的焦慮感受，以及身體對焦慮的反應，像是：

努力達到無條件自我接納

1. 我是享有自主權的人，擁有個人的喜惡與偏好。我有權去爭取想要的事物、並避開不想要的，只要我沒有平白干擾社會與其他人的權利。我認同無條件接納他人，因為我選擇生活在社會中，以期獲得群體生活的好處。為了爭取自己想要的、避開不想要的，我會根據自身期待去設定目標與願景。只要我的想法、感受與行為，有助於實現這些目標，那它們就是「好的」或「有用的」。要是它們讓我得到不想要的、或無法幫助我得到想要的，就評價為「壞的」或「較沒用的」。

2. 我會嚴格避免替自己打總體分數，不用一個總分，來決定自身的整體價值。我會做「好事」與「壞事」，但我拒絕因此視自己為「好人」或「壞人」。我的**行為不等於我**。我是會做出「好事」與「壞事」的**人**。

3. 天性與後天學來的習慣，讓我傾向給自己一個總體分數與評價，且我很難不這麼做。因此，要是我又開始進行自我評分，我會試著武斷地評價自己為「好的」，**不**為任何

其他原因，只因為我是活生生且獨一無二的人。這麼做對我來說很有效，因為認為自己是「好的」，能幫助我達成目標。反之，認為自己是「壞的」或「沒價值的」，只會妨礙我。因此，我會無條件地認定自己是「好的」，而不是因為我暫時的想法、感受與行為，符合特定標準，才有條件地評價自己為「有價值的」。事實上，根據我確實活著、身而為人、獨一無二的特質，來試著達到無條件自我接納，是很妥當的。因為這些事物終其一生不會改變。我可以穩當地定義自己為「好的」，就算我無法憑經驗來確認這個定義。但這個方法很有效，也能幫助我達成自己選擇的目標。雖然這只是實務上、而不是絕對的「正確」。

4. 比起說著「我不喜歡自己有這樣的行為或特質」，我會說「我不喜歡這種行為或特質，應該如何改善？」

5. 我會將自己的特質，與我過去的特質及其他人的特質相比較，好明白該如何改善。但我不會拿自己（myself）與過去的自己及其他人做比較。

6. 我是**獨一無二**的，但不意味著我與**其他人**相比，我更**特殊**。我有比其他人優秀的特質，也有比別人差的特質。但再一次強調，我的想法、感受與行為**不代表**我。而他人的行為也不能代表他們。

7. 無論「好」或「壞」，我**選擇**接受做出這些行為的自

己，並會努力改善「壞」行為。我**選擇**接納他人，但會試著幫助他們（而不是命令或拼命地）改變某些行為。

努力做到無條件接納他人

1. 如同我會評價自身想法、感受與行為，但不給自己打一個總分般，我也會試著同理對待他人。我不會去神化或貶低他們的個人價值，只會根據我的訴求、及尋常的社會標準，去評論其行為的「好」與「壞」。

2. 倘若我真的要評價他人（一件我非常有可能做的事），我會用無條件接納他人的態度，評價對方是「好的」，只因為他們是獨一無二且活生生的人，而不是因為他們的想法、感受或行為。更好的是，我更想去評價他們的行為，而不是其個人價值。

3. 就算我無條件接納他人，我還是會經常不喜歡或厭惡他們的行為。但我會盡最大努力，不去厭惡做出這些行為的他們，也不對那個人生氣。我或許會試著糾正他們，但不會咒罵或懲罰他們。接納罪人，但不是他們的罪。

承擔身為社會一分子的責任

1. 我不需要為自己被生下來、且生來就有所不能與缺點負責。我只需要為自己能否為自身缺點與才華盡最大努力,來負責。但即便我需要為個人想法、感受與行為負責,我沒有必要表現得負責任,這只是高度期望罷了。即便我需要為自己的不負責任負責、且依此標準我的行為是不好的,我也不會因為「不負責任」的行為,就成為寄生蟲或「壞蛋」。

2. 我是社會動物,與我的家人、團體及社群有深深的羈絆。因此,倘若我希望得到他人的陪伴與幫助,平心而論,我最好不要傷害他人,行為舉止也要公正且有責任心。如果我們能對彼此負責,雙方的生活都會更好。就某些角度而言,我確實可以只在乎自己,但倘若我只想到自己,還平白傷害到他人,我的行為就是不道德且不負責任,讓他們個別或集體受到傷害,甚至也會傷害到自己。我不見得一定要遵守道德,但這麼做往往能讓情況更好。要是我希望得到良好的社會關係,我就應該用道德及責任心來對待他人。我會將此視作有條件、但不是絕對的**必須**。

3. 儘管其他人可能會無緣無故傷害我、打壓我,但在極大程度上,我仍須為自己的感受負責。要是他們做出不公

平的行為，我可以選擇用健康的悲傷與挫折感來面對，或用焦慮、抑鬱與暴怒來反應。他人對待我的方式，只能部分影響我的感受，更大程度上取決於我怎麼看待他們的行為。因此，在極大程度上，我需要為自己的情緒負責，還要控制它。儘管我生來就傾向用不健康的情緒，去面對他人與事物，但我也有強大的能力，能讓我透過思想、努力與練習，重塑自己，做出更健康的反應。

4. 即便我在本能與後天環境薰陶下，傾向以破壞性情緒與行為來過度反應，我仍需要為自己沒能努力從心理及藥物上來控制它們負責。倘若我有生理病症，像是糖尿病或心臟問題，我可以進行治療、處理它們，進而減緩症狀。但要是我不好好處理病症，我對自己、也或許對其他人都是不負責任的。同樣的，即便情緒問題的主因不在我，我還是可以選擇負責，或不負責。但即便我不願負責，我也只是行為不當的**人**，而不是**壞人**。

5. 我可以透過飲酒、嗑藥、抽菸與暴飲暴食，不負責任地加劇自己的生理和心理問題。倘若如此，讓我承認自己的不負責任，但不要因此貶低自己。如此一來，我就更有可能做出改變。

6. 要是情緒障礙已經壓垮了我，且它們似乎涉及了生化與生理面向，我會試著用適當的藥物、飲食、生理方式，

甚至是住院治療，來改善症狀。而不是因為這些行為，貶低自己為弱者。但我不會只依賴或執著於生理治療，更會同時用心理方式，產生更有效的思想、感受與行為。或許到了那個時候，我就能永久解決自己的情緒障礙。

7. 由於我的思想與行為非常容易相互影響，因此我應該負責任地觀察自己的生理健康、飲食、睡眠習慣、濫用藥物的可能性、身體是否過度緊繃，及其他個人衛生方面。同時也明白，比起不受尊重的身體，受到妥善照顧且狀態良好的身體，更不易引起心理問題。畢竟，要想維持情緒健康，也要對身體健康負責。

8. 即便我很焦慮，我仍須為個人不良習慣負責。因此，我確實可以推說自己實在太焦慮了，導致我必須抽菸或喝酒。但不是這樣的。或許我真的很焦慮，也非常**不舒服**，但我卻對自己說，「我實在太痛苦，也**忍受不了**，所以必須抽菸或喝酒。」但導致我用抽菸喝酒來抗焦慮的元凶，可能是「我無法承受」病。

9. 我的社會責任，也包括了讓自己能享受、並建立與他人及團體間的關係。在出生與社會環境的影響下，我的「個人」特質取決於生理習性，**以及**成長環境與親近者。在先天與後天的薰陶下，我具備了去相處、去愛、建立關係、充滿情感、與他人和團體和睦共處的重要能力。而我最重要

的興趣可以是一個念頭或計畫，也可以是一段深入的關係與社會理想。我可以透過深愛並關懷那些我所認定的人與團體，以獨特而濃烈的方式成就自己。

提高我的社交技能與樂趣

1. 我不需要很懂得社交、關懷他人或給予他人幫助，但這麼做能讓我獲得極大的快樂，並為我的人生與成就帶來更多的歡樂。而與他人和睦相處，也能預防某些經常讓我陷入焦慮的逆境。

2. 在長久改變他人上，我沒有什麼辦法。但我確實擁有接受他人真實樣貌、並能不管對方的缺點，懂得去愛及享受對方存在的能力，只要我願意使用。

3. 依賴自己、不將個人價值建立在**必須贏**得他人的喜愛上，有助於降低我的焦慮，因為過度依賴是焦慮的一大成因。畢竟，我無法保證別人能永遠支持我、滿足我的依賴。唯有擺脫依賴，才能釋放自己，讓我能用他人的角度去看待事物，明白他們的目標與價值觀，並更愛他們。如此一來，我才有辦法不再過度擔憂他們對我（只有我）的關愛。獨立自主讓我更能適應社交。我懂得去愛他人的本質，而不是出於他們對我的好評價。

4. 倘若我能用雙贏來取代打敗別人的念頭，我就**不需要**爭輸贏。我能享受他人的勝利，而不是一想到他們比我「更好」，就感到嫉妒、恐懼。我不是在跟他們進行什麼激烈的競爭。就算輸了，我也不會過分在意。

5. 倘若我能將「自力更生」當成最迫切的需求，我就會一心只想著「如何好好實現這一目標」。

6. 將他人神聖化，意味著失去自我並變得依賴。而將自己神聖化，則讓他人變得無法深深喜愛我或與我相處。這兩條路都只會使我焦慮。因為我和其他人都過著與神不同且無常的人生。

7. 關愛與幫助他人，並不會讓我變成好人，但確實是我能力所及內，最讓人快樂的事情。它能扭轉我過度以自己為宇宙中心的偏執。

8. 愛自己與愛他人不見得相互矛盾，還能為人生增添加倍的益處與樂趣。

9. 倘若我能試著從其他人的框架看事情、從對方的目標與價值觀出發，我就不會因為對方的行為太過難過。我會更了解對方，也更欣賞對方。

10. 我會經常拿自己的才能與特質和他人進行比較，學習該如何做得更好（倘若情況許可）。但我不會拿**自己**這個人，去和**他人**做比較。他們的才能與特質有可能比我好，也

有可能比我差。

11. 讓我試著去了解他人，從而提升自己被他人了解的機率。

善用支持和安慰的力量

1. 在某種程度上，我可以依賴他人（如親戚和朋友）的支持，幫助我面對自身問題，我可以感激地接受它們的幫助與安慰，並善加利用。這或許有助於減少我的焦慮。

2. 倘若我能以友善且樂於幫忙的態度，對待他人，那麼當我遇到困難，我或許就能從對方身上獲得更大的支持。

3. 接受他人的幫助並不意味著我是弱者，也不代表我無法照顧自己。

4. 過度倚靠他人、但無法依賴自己是不對的。這有違我自身最大利益，因此我最好多靠自己一點。

5. 要是我遇到非常嚴重的問題，或許我能尋求高於人類的力量的幫助。但要想得到好結果，最好還是靠自己。

6. 只因為企圖證明自己多偉大、多麼能自力更生，就拒絕他人的幫助，只會導致自戀和自我膨脹。

7. 知道焦慮時，可以尋求家人、朋友與他人的支持及安慰，經常能緩解我的焦慮或恐慌。但由於這樣的支持或安

慰並不一定總是存在或持續，因此我最好不要只依賴它們。最好能建立自信，能夠自助。

8. 倘若我認為自己絕對需要支持與安慰，但情況不允許時，我很有可能陷入焦慮或恐慌。所以，在我遇到困難時，我應該是偏好、但不是需要這樣的援助。

9. 我可以培養友誼、發展親屬關係，並為親友提供幫助，以從個人或團體中獲得需要的支持與安慰。我還可以從處境相當的人身上，獲得幫助，像是透過治療、治療團體、自助團體、支援團體等等。

10. 他人的建議、支持或安慰，我不見得要照單全收。但只要我認為內容大有助益，我願意聆聽、參考，並接受它。

11. 我能給自己的最佳保證，就是知道無論情況多麼不妙、別人對我如何惡劣，我的人生都不可怕。我能忍受，還能找到樂趣。我可以處理狀況，甚至還能讓事態變得更好。

專注於生命中的愉快和美好

1. 是的，我有缺點、極限、挫折，有時候那些事情甚至不堪負荷。但看看生命中的光明面，像是生活樂趣、成功、朋友、才華與興趣。確實，生命中出現過不幸的事。但

過度關注那些事物會帶來什麼後果？答案是，只會感到憂慮！

2. 天知道，這個世界真的很難。但那些美妙的藝術、音樂、文學、科學、運動、動物、自然資源、科學與醫療突破，又怎麼說？倘若我總專注於負面事物，我又該如何改善狀況？不妨將注意力放在正面事物上！

3. 沒錯，我可以預測未來是一片灰暗，抱怨了無生趣的此刻。但為什麼不試著想像可能發生的好事，以及我可以做到的事？問問自己，我該如何讓它們發生？

4. 壞事確實存在，我希望它們都消失。但為了自己與他人，致力於改善它們，既有益也讓人快樂。只要我能發揮創意，想想該如何做，努力重建我這一小部分的世界。

努力創造健康的情緒

1. 倘若我極度渴望（或極端厭惡）某件事物，提醒自己並不是宇宙的中心，非常重要。我最好不要將個人強烈的好惡，變成一種要求。那麼做只會讓我經常陷入痛苦。

2. 我可以好惡分明，但如果我能讓這份感受變成偏好、而不是要求，一旦願望落空，我只會感受到健康的悲傷與失望，而不是出現不健康的情緒，並陷入焦慮、抑鬱或憤

怒。因此，只要我能理性思考、不要求自己**絕對必須**得到想要的，我就能擁有強烈而健康的情緒，遠離不健康的情緒。

3. 我可以正當地擁有任何欲望，即便那些欲望在他人眼中是有害或愚蠢的。但只要我能了解實現欲望可能造成的有害結果，也願意去承擔後果就好。我最好能符合道德且不要傷害他人，但我可以選擇傷害自己，只要我知道這些傷害存在也願意接受。倘若我希望避免有害的後果，我最好讓個人喜好維持在偏好，而不是要求。同時明白自己的欲望**不一定要實現**，並在它們可能造成不利的結果時，懂得放棄。

4. 那些行為不當或惡劣的人，並**不能使我**難受。他們會大幅**影響**我的感受，因為一旦我認為他們的行為不佳，我通常不會喜歡他們，也會出現健康的負面情緒，如悲傷、後悔或挫折。但我可以不受那些行為不當者的影響，甚至去欣賞他們。倘若是與我的利益有嚴重衝突的壞事，我通常會感到挫折與難受。但我可以選擇為此事變得焦慮與抑鬱，但也可以選擇無動於衷。因此，我最好停止對自己說，「他讓我難過」或「這讓我焦慮」。我可以更精確地說，「我選擇讓自己因為他的行為而難過」或「我決定讓自己因此難受」。如此一來，我就能做出更健康的選擇！

5. 溫和與薄弱的欲望通常不會讓我感到困擾，因為我總能輕易地明白自己不需要實現它們。但我經常讓某些強烈

的欲望變成要求與必須，導致我在願望落空時，產生不安的情緒。小心！千萬不要從強烈渴望，晉升成絕對需要！

帶著幽默感生活

1. 我最好要認真看待許多事物，像是感情與工作，但也不要**過度**認真。某些時候，試著讓自己放鬆一下，幽默看待事物。

2. 有趣的是，我總認為自己可以改變那些我根本控制不了的人，卻不認為自己可以改變自己——這個我可以控制的人。我也經常認為，其他人絕對不可以做出他們經常會做的舉動。因為他們看上去**可以**改變行為（或許吧！）所以他們絕對**應該**要如此。我的幽默感跑到哪裡去了？

3. 倘若我下定決心要改變自己，卻常做不到，我又憑什麼因為別人有改變的覺悟，就執意他們**一定**要說到做到？連我自己也經常無法遵循初衷，別人又為什麼必須要有堅定改變的決心？

4.「我**應該**要變得更好！」意味著：一、我高度期待自己這麼做。二、所以我**必須**改變。兩者截然不同！第二個選項會讓我焦慮並影響前者。然而，我還愚蠢地認為這能**幫助我改變**！

了解自己的生理習性和極限

1. 對於我的身體和身心反應，我握有部分的控制權，只要我能有紀律地管理飲食、運動、睡眠、酒精與藥物攝取等習慣。但對於生理上的疼痛與限制，我的控制很有限。可惡！那我最好遵守紀律，同時盡最大的努力，應對其餘的局限。

2. 我對身體愈照顧，我就愈能享受身體。在控制身體上，我可以保持關心與謹慎，但不要對我控制不住、或根本無法控制的潛在疾病、疼痛與殘疾，過度焦慮或恐慌。畢竟，對身體抱持過度的焦慮與執念，只會讓它更不強壯及不健全。

3. 心理、情緒和身體障礙，經常受我們無法控制的生化機制與遺傳因素影響。當然，心理與生理殘疾雖然不幸，但並不可恥。我與其他人皆不應該因為有這些殘疾，就被視為弱者或可恥。而運用適當的藥物與補救辦法，來改善生理殘疾，也絕對不是軟弱或可恥的事。來自醫生、精神科醫師與其他合法從業者的幫助，或許能帶來極大的助益，我可以明智地去嘗試看看。

4. 我很可能會迷上酒精及其他物質，如大麻、古柯鹼、迷幻藥和海洛因。它們能讓我放鬆並獲得非常愉悅的快

感，但也會讓人上癮，且就長遠來說，會對我造成傷害。還有許多藥物能緩解我的疼痛，並讓我舒服，但同樣具有潛在的危險性。我最好深入了解這些藥物，遵照醫囑去使用，千萬不能掉以輕心。畢竟，使用這些藥物所帶來的短暫快樂，不值得我用一生的壞處與病痛來換。

5. 在有醫療處方，尤其是精神藥理學家或精神科醫師所開的處方下，鎮定劑、抗憂鬱藥和其他精神科藥物，或許相當有幫助。但自行服用這些藥物非常危險！

6. 某些生理狀態，如低血糖與疲憊，會暫時導致心理與生理失能。最好注意自己有沒有陷入上述生理狀態。

7. 倘若我的家族有明顯的精神疾病史，最好要注意自己也很有可能出現這些疾病，並留心相關徵兆。

8. 身體或許會大大影響情緒，但強烈且持久的情緒，也可能對身體造成影響，甚至破壞免疫系統。畢竟，理性不是只能用在生理與心理健康上，更應該用在強烈、正面、負面及**健康**的情緒上。

Chapter 29
對抗非理性恐懼的
65則理性格言

用行動來反抗非理性信念，
就是推翻它們的最好方法。

焦慮絕大多數為自我焦慮，源自於那些「我絕對必須完成某項重要任務」、「我絕對必須獲得他人認可，否則我就是無能且無用的人」等非理性信念。此外，在判定困難與問題是**災難性**且**恐怖**的、**我承受不了**這些、我這輩子**再也不可能**快樂等非理性信念作用下，人很容易出現痛苦的焦慮，或是無法忍受挫折。而且還常認為焦慮很可怕、忍受不了它帶來的痛苦等等。

　　因此，要提高挫折容忍力，需要顯著且持續的行動，還需要對抗「無法忍受挫折」的思維與感受，以消除逃避、強迫、恐懼症、拖延等各種伴隨痛苦焦慮而來的功能失調行為。以下是提供我新思路與感受的重要理性格言，特別有助於對抗「無法忍受挫折」的想法。

養成高挫折容忍力

　　1. 如果事情的發展有助於我達成目標與願景，並且是社會可接受的，那它就是「好事」。相反的，要是事情不利於我實現目標，而且也對社會有害，則為「壞事」。針對所有事情，我不會下一個絕對、固化和總體的評價，而是去思考其善惡。

　　2. 如果有足夠的證據證明，某些情況有礙於我與他人

的福祉時，我會認為它們「非常壞」或「特別不好」。但我會約束自己，不去使用「可怕的」、「悲劇的」、「令人恐懼的」等描述。這些詞彙不正確地暗示我，情況糟到不能再糟，但事情絕非如此。而這也暗示了事情實在太糟糕，糟到這種事情絕對必須消失。

3. 要是我將情況定義為「悲劇」，只會引發焦慮或恐慌，並影響我做出改善的可能性。我徬徨不安，卻無所作為。

4. 我也很容易會說出「我受不了這麼糟的情況」或「我撐不下去了」。不對！只要還活著，就能忍受，這些事殺不死我。「我受不了」意味著只要事情存在，我就**再也**開心不起來，但這不可能是真的，除非我要這麼想。一旦想法如此，就代表我再也**不允許自己快樂起來**！

5. 我當然會試著改變生命中不如意的事物，只要它確實可以改變。但在面對無法改變的人事物、或是不值得付出這麼多時間與心力時，我會選擇接受自己無法改變的事物。我不會抱怨或咒罵這些事絕對不應該存在，而會試著盡可能從中學習，畢竟每件事都肯定有好有壞。至少，接受情況能提高我的挫折容忍力！

6. 為了克服困難的任務與恐懼症，我會盡最大的努力，去接受他人或自己所指派的任務，並去享受挑戰。

7. 在執行對自己有幫助、但困難的任務時，我會尋找其中潛在的樂趣及美好情調。

8. 沒錯，人生經常不公平。因此，我最好迅速且積極面對那些我無法改變的不公不義。

9. 逃避艱鉅的任務，往往只會拖延且加劇情況。逃避只會帶來更多痛苦的焦慮，阻止我克服自己能應對的困難。

10. 我不需要改變或控制嚴峻的現實。在實際上無能為力時，去想著自己必須那樣做，往往會加劇無法忍受挫折的情況。

善用認知、行為和情感作業

1. 我發現自己製造了許多不健全的思想、感受與行為習慣，尤其是沉浸在毫無必要的焦慮中，而且還常常下意識且反射性地堅持這些習慣。而要做出改變，就必須投入極大的努力與練習，因此，我會認真做功課（最好是每天），讓改變成真。雖然功課很難，但不做功課，日子只會更難！

2. 我不需要老師或監督者，來安排或批改我的治療作業。我會自己指派並督促自己。為了我自己！

3. 我會用便條或報告等方式來提醒自己，持續做功課並定期批改。我每天或每週都會完成最低限度的作業。

4. 我會跟親友說自己正在做的功課，並鼓勵他們定期檢查我的狀況。

5. 有些時候，我會和親朋好友一起做功課，以同時幫助雙方。

6. 倘若我沒能定期完成功課，我會審視那些阻止我的非理性信念，尤其是「功課必須簡單！」「太難我做不到！」「我受不了去做這些事！」

7. 我會和自己訂定做功課的契約，列出具體的功課內容，並只有在完成功課時獎勵自己，沒有完成功課則給予懲罰。

8. 我會寫下做功課的優點與缺點，並每天、或在自己沒能完成功課時，去審視這些內容。

9. 我會在腦中進行排演，好讓自己做好執行功課的準備。或者，我會找朋友或家人，以角色扮演的方式假裝自己在做這件事。

10. 我會列下對自己有用的理性信念，如本章及前兩章所列出來的格言，然後定期審視清單，提醒自己。這會是很有效的認知作業。

11. 我會刻意安排自己經歷某些任務的失敗，好讓自己在不舒服的狀態下去行動，並明白失敗並不可怕。有時這麼做是很有效的學習過程。

12. 我會特別安排那些有可能讓我面臨失敗、拒絕與挫折的作業。如此一來，我就能證明自己過分誇大了非理性信念，誤解了得不到想要事物的可怕。

13. 我會說服自己，幾乎所有我認為是「災難」和「可怕」的經歷，都僅只是相當**惱人**。就是這樣而已。

利用暴露或實境去敏感化法

1. 我可以不去面對焦慮，遠離那些讓我恐懼的人事物，這麼做或許能降低我的緊張。但只是暫時的！因為愈是這麼做，往往只會導致我更焦慮。當然，真實的恐懼，像是害怕從梯子上掉下去，自然應該避免。但如果我不願接觸安全的地方（如電梯）或人（像朋友），無從證實自己恐懼的事物其實很安全，這樣只會加劇焦慮。因此，我會盡最大的努力，去面對或暴露在我非理性畏懼的人事物面前。我會冒著陷入短暫不適的風險，直到我能坦然面對、甚至享受那些過去讓我恐慌的事物，以擺脫長遠的痛苦。

2. 我能逐漸暴露在令人焦慮的情況下，從而適應這些情況。或者，我能挑戰自己，盡快且持續地暴露在自己恐懼的事物中，此種做法經常能帶來更有效且更戲劇化的成果。

3. 就「打敗非理性焦慮和恐懼症」來說，只要我愈願

意冒險，得到的成果往往也會愈好。事實上，擺脫自身所強加的「恐懼」，是我能獲得的最棒自由。而且就長遠來看，這絕對是代價最小的！

4. 我可以想像可怕的事情發生，來練習去敏感化，再利用放鬆法，解除自己對恐懼情況的畏懼，並在現實中面對它們。但最終，我必須硬著頭皮去面對這些情況，以證明自己想像中的去敏感化療程確實有效。倘若我能強迫自己做到，那麼藉由實境暴露來去敏感化，往往效果更快更好。

5. 我可以為自己的非理性恐懼進行排名，然後按照最不害怕到最害怕的順序，來去敏感化。但我也可以貿然挑戰我最大的恐懼，而且是採取快速的管道、而不是循序漸進的方式，從而更快也更徹底地克服恐懼。

6. 讓我坦然承認，我心中最糟的非理性恐懼，經常是不被他人認可，或與公開羞辱、丟臉有關。而讓我擺脫恐懼的最有效方法，就是REBT的克服羞愧感練習：我要在公共場合進行一些無害但愚蠢、荒謬且「丟臉」的行為，冒著被他人輕視的風險。倘若我能進行大量的克服羞愧感訓練，同時說服自己：我確實想得到他人的認可，但我並不需要他人的認同。這樣，我就能健康地改善自己的羞恥感。就算某些人不認可我的「羞恥」行為，我頂多是感到難過或失望，但我不會將個人價值建立於此，更不會因此貶低自己。

為自己說話的發聲練習

1. 我會試著做自己，以及做自己想做的事。同時，也讓其他人做自己，做他們想做的事。

2. 我會試著在他人面前表達自我、堅定維護個人立場，同時也讓對方能這麼做。因此，萬一我不想做其他人要求我做的事，我會拒絕。而我也允許他們在跟我相處時，能拒絕做自己不想做的事。

3. 若我不同意其他人的觀點，我會試著向他們表達自己的立場。但要是他們的權力比我大，或表達意見只會讓我惹上麻煩，就不見得要這麼做。

4. 在面對我認為重要的事情上，我尤其要說出自己的心聲，但我不需要其他人同意我的看法，或照我的想法去做。我僅是希望他們能知道我對這件事的感受。

5. 要有主見，並能從他人身上得到需要的事物，而且有辦法拒絕自己不想做的事。畢竟，我不是絕對需要別人的贊同。另一方面，身為群居動物，我經常渴望他人的愛與認可，而且還能從中獲得極大的樂趣與益處。但是，做自己也很重要，不該為了他人的認同，出賣自己的靈魂。我很享受與那些能讓我盡量做自己、說出心聲，而且還能喜歡我的人相處。希望我能遇見更多這樣的人！

行動！行動！對抗焦慮大作戰

1. 用行動來解決自己的問題，並展現自己可以忍受無法解決的部分，就是證明我能處理難題、並與自己無法改變的困境共存的最佳方法。

2. 面對問題，採取的行動愈多，花在擔心的時間與精力就愈少。

3. 採取行動能幫助我安排生活，不會過度憂慮。

4. 倘若我願意冒著失敗的風險，那麼我至少能知道自己在這件事上的表現有多好或多差，並減少我對失敗的擔心。

5. 嘗試並失敗，絕對比永遠不嘗試好。行動能累積經驗，無所作為卻只會讓人生索然無味。

6. 倘若我能努力去感受並享受當下，就能減少我為未來的「如果／怎麼辦」去擔憂。

7. 擔心未來不會帶來什麼好處，實際行動則會讓未來更好。

8. 行動本身能打斷焦慮，讓自己精力充沛，並能更清楚地思考如何解決問題。而鍛鍊、跑步、運動等各種活動，也都大有益處。

9. 倘若我能逼自己更理性地行動，我的思緒或許也會

更有條理。此外，不再拖延或暴飲暴食，或許能鼓勵我更理性地去思考人生與健康。

10. 行為會影響思維和感受，正如同想法與感受也會影響行動。因此，倘若我總是習慣以自己的最大利益為出發點去行動，那麼我或許也能更容易以自己的最大利益為出發點，去思考和感受。

11. 倘若我願意冒險，這勢必會比單純的想像來得風險更高。但這麼做能讓我學到更多，也更確定其中涉及的危險，而不是在腦中幻想著會有多麼「恐怖」。透過反抗非理性信念，我可以證明自己的非理性信念是錯的。

12. 我可以透過經驗來學習什麼是好的，什麼是錯的。而經驗意味著行動。

13. 設定目標很好，但我可以思考，這個目標是可以達成的嗎？或者光是試圖達成目標的舉動，就足以讓人滿足？

14. 用行動來反抗非理性信念，就是推翻它們的最好方法。

15. 倘若我承諾自己會做出行動，最後卻無疾而終，那麼將目標告訴他人，往往能讓我更容易實現目標。

16. 我對事物的擔心，是刺激我行動的力量。但過度擔心或嚴重焦慮，則會阻止或妨礙我行動。

17. 行動經常能帶來啟發，無所作為則帶來更多無所作

為。

18. 我不會被恐慌嚇退。即便恐慌，我還是會付諸行動。真正使我動彈不得的，是我對恐慌的恐慌。

19. 任何時候，我都可以堅定地叫那些愛管閒事的人閉嘴。

20. 倘若我能有自信地行動，我就能做到自認為做不到的事，並做得更好。

21. 我在犯錯這件事上，所犯的最大之錯，就是拒絕犯錯。

22. 我會表現得如同我的核心理性信念就是正確的那樣，好堅定地明白，它們確實為真。舉例來說，我會刻意去做那些自己可能犯錯的事、或故意不做好，讓我明白就算有人認為我是失敗者或廢物，我也絕對不是。在一段時間內，我會刻意處在令人不愉快的情境下，像是差勁的工作或無聊的課程，好明白自己確實可以克服痛苦焦慮，而且能容忍挫折。

23. 我會面對可改變的問題，同時不為那些無法改變的問題抹滅自己。我會實驗性地進行多件重要的任務，但也不至於過多，並讓自己沉浸在為了達成計畫而努力付出的情況下。倘若我真的忙昏了頭，我也會試著中斷部分計畫，並不因此感到羞愧。

24. 倘若我想盡辦法遠離焦慮，結果往往是讓焦慮更強烈且更持久。比如，要是我因為某些事物（如公開演說）而感到焦慮，我可能會拒絕去做這件事，從而暫時擺脫焦慮，但卻讓這份焦慮伴隨自己一輩子。因此，假如我對「面對焦慮」這件事非常焦慮，並害怕到不敢談（就連面對治療師也會怕），那麼我或許正在告訴自己，我受不了了。如此一來，我恐怕會妨礙自己去面對焦慮、適應焦慮和努力減輕焦慮。我最初的焦慮與因為焦慮而起的焦慮，很有可能變得更強烈。雖然遠離立即的痛苦，非常符合人性且正常，但造成的傷害可能多過於好處。

25. 我的壞習慣到底是如何養成的，是非常有意思的問題。但關於我該如何**做**，才能改變它們，則是務實的問題。

26. 克服惰性並動起來，確實很難，但也不至於**太過**困難。而且，等到以後再做，事情只會變得更棘手，甚至浪費太多寶貴的時間無所作為。

27. 在我死後，我就可以一動也不動，直到永遠。但是現在，是動起來的時候了！

28. 為了知道自己的好惡，就必須實驗。而實驗意味著採取行動！

29. 冒險有潛在風險，但不冒險或許更危險。因為生命將「安全」地消逝，而我甚至不知道錯過什麼。

30. 就算我在公開演說時陷入焦慮，擔心聽者會發現自己有多麼焦慮，我還是可以安然度過並成功完成任務。我可以試著將錯誤融入到表演中，就好像它們本就是表演的一部分，或者我是故意這麼做的。我可以自嘲，讓觀眾跟我一起笑。

31. 犯錯時，我會在不貶低自己的前提下，承認錯誤。如此一來，我就能從錯誤中學習，減少再次犯錯的可能。我也可以學習消除、或改變那些導致我犯錯的壓力情況，只要我能接受自己的錯誤，而不是光會抱怨。

致謝

我想要感謝吉姆・魯恩（Jim Runyon），替我潤飾出優美的辭藻。吉姆・艾里森（Jim Ellison）提出了關於本書的構想，並與我從最初一起努力。史蒂夫・帕爾默（Steve Palmer）進行了最細緻的審稿。感謝艾里斯學院的行政主管——吉娜瑪莉・贊帕諾（Ginamarie Zampano），協助資料收集，並以她無與倫比的才幹，處理了許多行政業務。

參考資料

下列參考文獻中，開頭標示星號者為自助型書籍，絕大多數是以REBT和CBT為主。而許多參考資料可在艾里斯學院取得，該機構地址為145 East 32nd Street, 9th floor, New York, NY 10016。上班日可透過電話（212-535-0822）或傳真（212-249-3582），索取該機構的宣傳手冊。除了持續提供上述資源，艾里斯學院也會提供其他有用的素材，並舉辦演講、工作坊、培訓課程，以及與人類成長與健康福祉相關的講座，更多內容與表單請見：https://albertellis.org/。另外，以下列出的參考資料中，也有部分並未在書中提及（尤其是一些自助類型的素材）。

Adler, A. *What Life Should Mean to You*. New York: Greenberg, 1926.
_____. *Understanding Human Nature*. Garden City, New York: Greenberg, 1927.
*Alberti, R., and Emmons, R. *Your Perfect Right*. 7th rev. ed. San Luis Obispo, California: Impact, 1995.
*Ansbacher, H. L., and Ansbacher, R. *The Individual Psychology of Alfred Adler*. New York: Basic Books, 1956.
Antonovsky, A. *Unraveling the Mystery of Health: How People Manage Stress and Stay Well*. San Francisco: Jossey-Bass, 1987.
Antony, M. M., Craske, M. G., & Barlow, D. H. *Mastery of YourSpecific Phobia*. Albany, New York: Graywind, 1995.
*Baldon, A., and Ellis, A. *RET Problem-Solving Workbook*. New York: Institute for Rational-Emotive Therapy, 1993.
Bandura, A. *Self-Efficacy: The Exercise of Control*. New York: Freeman, 1997.
Barlow, D. H. *Anxiety and its Disorders: The Nature and Treatment of Anxiety and Panic*. New York: Guilford, 1989.

*Barlow, D. H., and Craske, M. G. *Mastery of Your Anxiety and Panic.* Albany, New York: Graywind Publications, 1994.

Beck, A. T. *Cognitive Therapy and the Emotional Disorders.* New York: International Universities Press, 1976.

_____, and Emery, G. *Anxiety Disorders and Phobias.* New York: Basic Books, 1985.

Beck, J. S. *Cognitive Therapy: Basics and Beyond.* New York: Guilford, 1995.

*Beckfield, D. F. *Master Your Panic—and Take Back Your Life!* San Luis Obispo, California: Impact Publishers, 1998.

*Benson, H. *The Relaxation Response.* New York: Morrow, 1975.

Bernard, M. E., ed.. *Using Rational-Emotive Therapy Effectively: A Practitioner's Guide.* New York: Plenum, 1991.

*_____. *Staying Rational in an Irrational World.* New York: Carol Publishing Group, 1993.

_____. "Special Issue: Self-Acceptance and Beyond: How to Feel Good Without Rating Yourself." *Journal of Rational-Emotive and Cognitive-Behavior Therapy,* 15(1), 1997 (pp. 3–92).

Bernard, M. E., and DiGiuseppe, R., eds. *Inside RET: A Critical Appraisal of the Theory and Therapy of Albert Ellis.* San Diego, California: Academic Press, 1989.

Bernard, M. E., and Wolfe, J. L., eds. *The RET Resource Book for Practitioners.* New York: Institute for Rational-Emotive Therapy, 1993.

*Berne, E. *What Do You Say After You Say Hello?* New York: Grove, 1972.

Bowlby, J. *Attachment and Loss: III: Loss: Sadness and Depression.* New York: Basic Books, 1980.

*Broder, M. S. *The Art of Staying Together.* New York: Avon, 1994.

*Broder, M. (Speaker) *Overcoming Your Anxiety in the Shortest Period of Time.* Cassette recording. New York: Institute for Rational-Emotive Therapy. 1995.

Buber, M. *I and Thou.* New York: Scribner, 1984.

*Burns, D. D. *Feeling Good: The New Mood Therapy.* New York: Morrow, 1980.

*_____. *Ten Days to Self-Esteem.* New York: Morrow.

Clark, D. A., Steer, R. A., and Beck, A. T. "Common and Specific Dimensions of Self-Reported Anxiety and Depression: Implications for the Cognitive and Tripartite Models."*Journal of Abnormal Psychology,* 103, 1994 (pp. 645–654).

*Clark, L. *SOS: Help for Emotions.* Bowling Green, Kentucky: Parents Press, 1998.

*Coué, E. *My Method.* New York: Doubleday, Page, 1923.

*Covey, S. R. *The Seven Habits of Highly Effective People.* New York: Simon and Schuster, 1992.

*Crawford, T., and Ellis, A. "A Dictionary of Rational-Emotive Feelings and Behaviors." *Journal of Rational-Emotive and Cognitive-Behavior Therapy*, 7(1), 1989 (pp. 3–27).

*Csikszentmihalyz, M. *Finding Flow: The Psychology of Engagement With Everyday Life*. New York: Basic Books, 1997.

Dewey, J. *Quest for Certainty*. New York: Putnam, 1929.

DiGiuseppe, R. "Comprehensive Cognitive Disputing in RET." In M. E. Bernard, ed., *Using Rational-Emotive Therapy Effectively* (pp. 173–196). New York: Plenum, 1991.

Drelkurs, R. "Holistic Medicine." *Individual Psychology*, 53, 1997 (pp. 127–237).

Dryden, W. *Brief Rational-Emotive Behavior Therapy*. London: Wiley, 1995a.

————, ed. *Rational-Emotive Behavior Therapy: A Reader*. London: Sage, 1995b.

————. *Developing Self-Acceptance*. Chichester, England: Wiley, 1998.

Dryden, W., and DiGiuseppe, R. *A Primer on Rational-Emotive Therapy*. Champaign, Illinois: Research Press, 1990.

*Dryden, W., and Ellis, A. *A Dialogue with Albert Ellis: Against Dogma*. Philadelphia: Open University Press, 1991.

*Dryden, W., and Gordon, J. *Think Your Way to Happiness*. London: Sheldon Press, 1991.

Dryden, W., and Hill, L. K., eds.. *Innovations in Rational-Emotive Therapy*. Newbury Park, California: Sage, 1993.

*Dryden, W., and Neenan, M. *Dictionary of Rational Emotive Behavior Therapy*. London: Whurr Publishers, 1995.

Dryden, W., and Yankura, J. *Daring to Be Myself: A Case Study in Rational-Emotive Therapy*. Buckingham, England, Philadelphia: Open University Press, 1992.

Dubois, P. *The Psychic Treatment of Nervous Disorders*. New York: Funk and Wagnalls, 1907.

D'Zurilla, T. J. *Problem-Solving Therapy: A Social Competence Approach to Clinical Intervention*. New York: Springer, 1986.

*Edelstein, M., and Steele, D. R. *Three Minute Therapy: Change Your Life* (pp. vii–ix). Lakewood, Colorado: Glenbridge, 1997.

*Ellis, A. *How to Live With a Neurotic: At Home and at Work*. New York: Crown, 1957. Rev. ed., Hollywood, California: Wilshire Books, 1975.

————. "Rational Psychotherapy." *Journal of General Psychology*, 59, 1958a (pp. 35–49).

*————. *Sex Without Guilt*. New York: Lyle Stuart, 1958b. Rev. ed., New York: Lyle Stuart, 1965.

*————. *Executive Leadership: The Rational-Emotive Approach*. New York: Institute for Rational-Emotive Therapy, 1972a.

*_____. *How to Master Your Fear of Flying.* New York: Institute for Rational-Emotive Therapy, 1972b.

_____. *Psychotherapy and the Value of a Human Being.* New York: Institute for Rational-Emotive Therapy, 1972c. Reprinted in A. Ellis and W. Dryden, *The Essential Albert Ellis.* New York: Springer, 1990.

*_____. (Speaker) *How to Stubbornly Refuse to Be Ashamed of Anything.* Audio cassette. New York: Institute for Rational-Emotive Therapy, 1973a.

_____. *Humanistic Psychotherapy: The Rational-Emotive Approach.* New York: McGraw-Hill, 1973b.

*_____. (Speaker) *Twenty-one Ways to Stop Worrying.* Audio cassette. New York: Institute for Rational-Emotive Therapy, 1973c.

*_____. (Speaker). *Rational Living in an Irrational World.* Audio cassette. New York: Institute for Rational-Emotive Therapy, 1974.

*_____. (Speaker). *RET and Assertiveness Training.* Audio cassette. New York: Institute for Rational-Emotive Therapy, 1975.

_____. "The Biological Basis of Human Irrationality." *Journal of Individual Psychology,* 32, 1976a (pp. 145–168). Reprinted: New York: Institute for Rational-Emotive Therapy, 1976.

*_____. (Speaker). *Conquering Low Frustration Tolerance.* Audio cassette: New York: Institute for Rational-Emotive Therapy, 1976c.

*_____. *Sex and the Liberated Man.* Secaucus, New Jersey: Lyle Stuart, 1976b.

*_____. (Speaker). *Conquering the Dire Need for Love.* Audo cassette. New York: Institute for Rational-Emotive Therapy, 1977a.

*_____. (Speaker). *A Garland of Rational Humorous Songs.* (Audio cassette and songbook). New York: Institute for Rational-Emotive Therapy, 1977b.

_____. "Discomfort Anxiety: A New Cognitive Behavioral Construct. Part 1." *Rational Living,* 14(2), 1979a (pp. 3–8).

*_____. "A Note on the Treatment of Agoraphobia with Cognitive Modification Versus Prolonged Exposure." *Behavior Research and Therapy,* 17, 1979b (pp. 162–164).

_____. "Discomfort Anxiety: A New Cognitive Behavioral Construct. Part 2." *Rational Living,* 15(1), 1980a (pp. 25–30).

_____. "The Place of Meditation in Cognitive Behavior Therapy and Rational-Emotive Therapy." In D. H. Shapiro and R. Walsh eds., *Meditation* (pp. 671–673). New York: Aldine, 1984.

*_____. *Intellectual Fascism.* New York: Institute for Rational-Emotive Therapy, 1985a. , Rev. 1991.

_____. *Overcoming Resistance: Rational-Emotive Therapy With Difficult Clients.* New York: Springer, 1985b.

————. "Anxiety About Anxiety: The Use of Hypnosis with Rational-Emotive Therapy." In E. T. Dowd and J. M. Healy, eds., *Case Studies in Hypnotherapy* (pp. 3–11). New York: Guilford, 1986a. Reprinted in A. Ellis and W. Dryden, *The Practice of Rational-Emotive Therapy*. New York: Springer, 1987.

————. "The Evolution of Rational-Emotive Therapy (RET) and Cognitive-Behavior Therapy (CBT)." In J.K. Zeig, *The Evolution of Psychotherapy* (pp. 107–132). New York: Brunner/Mazel, 1987a.

————. "The Impossibility of Achieving Consistently Good Mental Health." *American Psychologist*, 42, 1987b (pp. 364–375).

————. "A Sadly Neglected Cognitive Element in Depression." *Cognitive Therapy and Research*, 11, 1987c (pp. 121–146).

————. "The Use of Rational Humorous Songs in Psychotherapy." In W. F. Fry, Jr. and W. A. Salameh, eds., *Handbook of Humor and Psychotherapy* (pp. 265–287). Sarasota, Florida: Professional Resource Exchange, 1987d.

*————. *How to Stubbornly Refuse to Make Yourself Miserable About Anything—Yes, Anything!* Secaucus, New Jersey: Lyle Stuart, 1988.

————. "Is Rational-Emotive Therapy (RET) 'Rationalist' or 'constructivist'?" In A. Ellis and W. Dryden, *The Essential Albert Ellis* (pp. 114–141). New York: Springer, 1990a.

————. "My Life in Clinical Psychology." In C. E. Walker, ed., *History of Clinical Psychology in Autobiography*, vol. 1 (pp. 1–37). Homewood, Illinois: Dorsey, 1990b.

————. "Achieving Self-Actualization." *Journal of Social Behavior and Personality*, 6(5), 1991a (pp. 1–18). Reprinted: New York: Institute for Rational-Emotive Therapy.

————. "The Revised ABCs of Rational-Emotive Therapy." In J. Zeig, ed., *The Evolution of Psychotherapy: The Second Conference* (pp. 79–99). New York: Brunner/Mazel, 1991b. Expanded version: *Journal of Rational-Emotive and Cognitive-Behavior Therapy*, 9, (pp. 139–172).

————. "Using RET Effectively: Reflections and Interview." In M.E. Bernard, ed., *Using Rational-Emotive Therapy Effectively* (pp. 1–33). New York: Plenum, 1991c.

————. "Brief Therapy: The Rational-Emotive Method." In S. H. Budman, M. F. Hoyt, and S. Friedman, eds., *The First Session in Brief Therapy* (pp. 36–58). New York: Guilford, 1992a.

*————. Foreword to Paul Hauck, *Overcoming the Rating Game* (pp. 1–4). Louisville, Kentucky: Westminster/John Knox, 1992b.

————. "The Advantages and Disadvantages of Self-Help Therapy Materials." *Professional Psychology: Research and Practice*, 24, 1993a (pp. 335–339).

_____. "Changing Rational-Emotive Therapy (RET) to Rational Emotive Behavior Therapy (REBT)." *Behavior Therapist*, 16, 1993b (pp. 257–258).
_____. "Fundamentals of Rational-Emotive Therapy for the 1990s." In W. Dryden and L. K. Hill, eds., *Innovations in Rational-Emotive Therapy* (pp. 1–32). Newbury Park, California: Sage Publications, 1993c.
_____. "General Semantics and Rational Emotive Behavior Therapy." *Bulletin of General Semantics*, No. 5–F, 1993d (pp. 12–28). Also in P. D. Johnston, D. D. Bourland Jr., and J. Klein, eds., *More E-Prime* (pp. 213–240). Concord, California: International Society for General Semantics, 1993d.
_____. "Reflections on Rational-Emotive Therapy." *Journal of Consulting and Clinical Psychology*, 61, 1993e (pp. 199–201).
*_____. "Vigorous RET Disputing." In M. E. Bernard and J. L. Wolfe, eds., *The RET Resource Book for Practitioners* (pp. ii–7). New York: Institute for Rational-Emotive Therapy, 1993f.
*_____. *Rational Emotive Imagery*. Rev. New York: Institute for Rational-Emotive Therapy, 1994a.
_____. *Reason and Emotion in Psychotherapy*. Rev. Secaucus, New Jersey: Birch Lane Press, 1994b.
_____. "Rational Emotive Behavior Therapy." In R. Corsini and D. Wedding, eds., *Current Psychotherapies*, 5th ed. (pp. 162–196). Itasea, Illinois: Peacock, 1995a.
_____. *Better, Deeper, and More Enduring Brief Therapy*. New York: Brunner/Mazel, 1996a.
_____. "How I Learned to Help Clients Feel Better and Get Better." *Psychotherapy*, 33, 1996b (pp. 149–151).
_____. "How I Manage to Be a Rational Emotive Behavior Therapist." *Journal of Rational-Emotive and Cognitive-Behavior Therapy*, 14, 1996c (pp. 211–213).
*_____. *How to Maintain and Enhance Your Rational Emotive Behavior Therapy Gains*. Rev. New York: Institute for Rational-Emotive Therapy, 1996d.
*_____. *REBT Diminishes Much of the Human Ego*. Rev. New York: Institute for Rational-Emotive Therapy, 1996e.
_____. "The Treatment of Morbid Jealousy: A Rational Emotive Behavioral Approach." *Journal of Cognitive Therapy*, 10, 1996f (pp. 23–33).
_____. "The Evolution of Albert Ellis and Rational Emotive Behavior Therapy." In J. K. Zeig, ed., *The Evolution of Psychotherapy: The Third Conference* (pp. 69–82). New York: Brunner/Mazel, 1997a.
_____. "Must Musturbation and Demandingness Lead to Emotional Disorders?" *Psychotherapy*, 34, 1997b (pp. 95–98).

_____. "Postmodern Ethics for Active-Directive Counseling and Psychotherapy." *Journal of Mental Health Counseling*, 18, 1997c (pp. 211–225).

_____. "REBT With Obsessive-Compulsive Disorder." In J. Yankura and W. Dryden, *Using REBT With Common Psychological Problems: A Therapist's Casebook* (pp. 197–239). New York: Springer Publishing Company, 1997d.

*Ellis, A., and Becker, I. *A Guide to Personal Happiness*. North Hollywood, California: Wilshire Books, 1982.

Ellis, A., and Bernard, M.E., eds.. *Clinical Applications of Rational-Emotive Therapy*. New York: Plenum, 1985.

Ellis, A., and Dryden, W. *The Essential Albert Ellis*. New York: Springer, 1990.

*_____. *A Dialogue With Albert Ellis: Against Dogma*. Philadelphia: Open University Press, 1991.

_____. *The Practice of Rational Emotive Behavior Therapy*. Rev. New York: Springer, 1997.

Ellis, A., Gordon, J., Neenan, M., and Palmer, S. *Stress Counseling: A Rational Emotive Behavior Approach*. New York: Springer, 1997.

Ellis, A., and Grieger, R. *Handbook of Rational-Emotive Therapy*, 2 vols. New York: Springer, 1986.

*Ellis, A., and Harper, R. A. *A Guide to Rational Living*, 3rd Rev. Ed. North Hollywood, California: Melvin Powers, 1998.

*Ellis, A., and Knaus, W. *Overcoming Procrastination*. New York: New American Library, 1977.

*Ellis, A., and Lange, A. *How to Keep People from Pushing Your Buttons*. New York: Carol Publishing Group, 1994.

*Ellis, A., and Tafrate, R. C. *How to Control Your Anger—Before It Controls You*. Secaucus, New Jersey: Birch Lane Press, 1997a.

*_____. *How to Control Your Anger—Before It Controls You*. Audio cassettes, read by Stephen O'Hara. San Bruno, California: Audio Literature, 1997b.

*Ellis, A., and Velten, E. *Optimal Aging: How to Get Over Growing Older*. Chicago: Open Court Publishing, 1988.

*_____. *When AA Doesn't Work for You: Rational Steps for Quitting Alcohol*. New York: Barricade Books, 1992.

*Emery, G. *Own Your Own Life*. New York: New American Library, 1982.

Epictetus. *The Works of Epictetus*. Boston: Little Brown, 1899.

*FitzMaurice, K. E. *Attitude Is All You Need*. Omaha, Nebraska: Palm Tree Publishers, 1997.

*Foa, E. B., and Wilson, R. *Stop Obsessing: How to Overcome Your Obsessions and Compulsions*. New York: Bantam, 1991.

Frank, J. D., and Frank, J. B. *Persuasion and Healing*, 3rd ed. Baltimore, Maryland: Johns Hopkins University Press, 1991.
*Frankl, V. *Man's Search for Meaning*. New York: Pocket Books, 1959.
*Freeman, A., and DeWolf, R. *Woulda, Coulda, Shoulda*. New York: Morrow, 1989.
*_____. *The Ten Dumbest Mistakes Smart People Make and How to Avoid Them*. New York: Harper Perennial, 1993.
Glasser, W. *Reality Therapy*. New York: Harper and Row, 1965.
Goldfried, M. R., and Davison, G. *Clinical Behavior Therapy*, 3rd ed. New York: Wiley, 1994.
Greenwald, H. *Direct Decision Therapy*. San Diego, California: Edits, 1997.
*Grieger, R. M., and Woods, P. J. *The Rational-Emotive Therapy Companion*. Roanoke, Virginia: Scholars Press, 1993.
Guterman, J. T. "A Social Constructivist Position for Mental Health Counseling." *Journal of Mental Health Counseling*, 16, 1994, (pp. 226–244).
Hajzler, D., and Bernard, M. E. "A Review of Rational-Emotive Outcome Studies." *School Psychology Quarterly*, 6(1), 1991 (pp. 27–49).
Haley, J. *Problem Solving Therapy*. San Francisco: Jossey-Bass, 1990.
*Hallowell, E. M. *Worry: Controlling It and Using It Wisely*. New York: Pantheon, 1997.
*Hauck, P. A. *Overcoming Worry and Fear*. Philadelphia: Westminster Press, 1975.
*_____. *Overcoming the Rating Game: Beyond Self-Love—Beyond Self-Esteem*. Louisville, Kentucky: Westminster/John Knox, 1991.
Heidegger, M. *Being and Time*. New York: Harper and Row, 1962.
Hollon, S. D., and Beck, A. T. Cognitive and Cognitive-Behavior Therapies." In A. E. Bergin and S. L. Garfield, eds., *Handbook of Psychotherapy and Behavior Change* (pp. 428–466). New York: Wiley, 1994.
*Jacobson, E. *You Must Relax*. New York: McGraw-Hill, 1938.
Kanfer, F. H., and Schefft, B. K. *Guiding the Process of Therapeutic Change*. New York: Pergamon, 1988.
Kassinove, H., ed. *Anger Disorders: Definition, Diagnosis, and Treatment*. Washington, D.C.: Taylor and Francis, 1995.
Kelly, G. *The Psychology of Personal Constructs*, 2 vols. New York: Norton, 1955.
Knaus, W. *Rational-Emotive Education*. New York: Institute for Rational-Emotive Therapy, 1974.
Korzybski, A. *Science and Sanity*. San Francisco: International Society of General Semantics, 1933.
*Lange, A., and Jakubowski, P. *Responsible Assertive Behavior*. Champaign, Illinois: Research Press, 1976.

Lazarus, A. A. (1989). *The Practice of Multimodal Therapy*. Baltimore, Maryland: Johns Hopkins.

*Lazarus, A. A., Lazarus, C., and Fay, A. *Don't Believe It for a Minute: Forty Toxic Ideas That Are Driving You Crazy*. San Luis Obispo, California: Impact Publishers, 1993.

Lazarus, R. S. *Emotion and Adaptation*. New York: Oxford, 1994.

Lazarus, R. S., and Folkman, S. *Stress, Appraisal, and Coping*. New York: Springer, 1984.

*Losocncy, L. *Today! Grab it: 7 Vital Nutrients to Build the New You*. Boca Raton, Florida: St. Lucie Press, 1998.

*Low, A. A. *Mental Health Through Will Training*. Boston: Christopher, 1952.

Lyons, L. C., and Woods, P. J. "The Efficacy of Rational-Emotive Therapy: A Quantitative Review of the Outcome Research." *Clinical Psychology Review*, 11, 1991 (pp. 357–369).

Mahoney, M. J. *Human Change Processes*. New York: Basic Books, 1991.

———. *Cognitive and Constructive Psychotherapies: Theory, Research and Practice*. New York: Springer, 1995.

Mahrer, A., Ellis, A., Nichols, M., Norcross, J., and Strupp, H. (Speakers). *What Are Some Breakthrough Problems in the Field of Psychotherapy?* Audio cassettes. Washington, D.C.: American Psychological Association, 1996.

*Marcus Aurelius. *Meditations*. Boston: Little, Brown, 1890.

Masters, W. H., Johnson, V. E., and Kolodny, R. C. *Human Sexuality*. Boston: Houghton Mifflin, 1982.

*Maultsby, M. C. Jr. *Rational Behavior Therapy*. Englewood Cliffs, New Jersey: Prentice-Hall., 1984.

*———. *Coping Better...Anytime, Anywhere*. New York: Prentice-Hall, 1986.

McGovern, T. E., and Silverman, M. S. "A Review of Outcome Studies of Rational-Emotive Therapy from 1977 to 1982." *Journal of Rational-Emotive Therapy*, 2(1), 1984 (pp. 7–18).

*McKay, M., and Fanning, P. *Self-Esteem*, 2nd ed. Oakland, California: New Harbinger, 1993.

Meichenbaum, D. *Cognitive-Behavior Modification*. New York: Plenum, 1977.

Meichenbaum, D., and Cameron, R. "Stress Inoculation Training." In D. Meichenbaum and M. E. Jaremko, eds., *Stress Reduction and Prevention* (pp. 115–154). New York: Plenum, 1983.

Meichenbaum, D., and Jaremko, M. E., eds. *Stress Reduction and Prevention*. New York: Plenum, 1983.

*Mills, D. *Overcoming Self-Esteem*. New York: Institute for Rational-Emotive Therapy, 1993.

Palmer, S., and Dryden, W. *Stress Management and Counselling*. New York: Cassell, 1996.

*Peale, N. V. *The Power of Positive Thinking*. New York: Fawcett, 1952.

*Peck, M. S. *Further Along the Road Less Traveled*. New York: Simon and Schuster, 1993.

Phadke, K. M. "Some Innovations in RET Theory and Practice." *Rational Living*, 17(2), 1982 (pp. 25–30).

*Pietsch, W. V. *The Serenity Prayer*. San Francisco: Harper San Francisco, 1993.

Raimy, V. *Misunderstandings of the Self*. San Francisco: Jossey-Bass, 1975.

Reiss, S., and McNally, R. J. "Expectancy Model of Fear." In S. Reiss and R. R. Bootzin, eds., *Theoretical Issues in Behavior Therapy*. New York: Academic Press, 1985.

*Robin, M. W., and Balter, S. *Performance Anxiety*. Holbrook, Massachusetts: Adams, 1995.

Rogers, C. R. *On Becoming a Person*. Boston: Houghton-Mifflin, 1961.

*Russell, B. *The Conquest of Happiness*. New York: New American Library, 1950.

Schwartz, Robert. "The Idea of Balance and Integrative Psychotherapy." *Journal of Psychotherapy Integration*, 3, 1993 (pp. 159–181).

*Seligman, M. E. P. *Learned Optimism*. New York: Knopf, 1991.

Silverman, M. S., McCarthy, M., and McGovern, T. "A Review of Outcome Studies of Rational-Emotive Therapy from 1982–1989." *Journal of Rational-Emotive and Cognitive-Behavior Therapy*, 10(3), 1992 (pp. 111–186).

*Simon, J. L. *Good Mood*. LaSalle, Illinois: Open Court, 1993.

Skinner, B. F. *Beyond Freedom and Dignity*. New York: Knopf, 1971.

Spivak, G., Platt, J., and Shure, M. *The Problem-Solving Approach to Adjustment*. San Francisco: Jossey-Bass, 1976.

Taylor, S. E. *Positive Illusions: Creative Self-Deception and the Healthy Mind*. New York: Basic Books, 1990.

*Tillich, P. *The Courage to Be*. New York: Oxford, 1953.

Vernon, A. *Thinking, Feeling, Behaving: An Emotional Education Curriculum for Children*. Champaign, Illinois: Research Press, 1989.

Walen, S., DiGiuseppe, R., and Dryden, W. *A Practitioner's Guide to Rational-Emotive Therapy*. New York: Oxford University Press, 1992.

Warren, R., and Zgourides, G. D. *Anxiety Disorders: A Rational-Emotive Perspective*. Des Moines, Iowa: Longwood Division Allyn and Bacon, 1992.

*Watson, D., and Tharp, R. *Self-Directed Behavior*, 6th ed. Pacific Grove, California: Brooks/Cole, 1993.

Wiener, D. *Albert Ellis: Passionate Skeptic*. New York: Praeger, 1988.

*Wolfe, J. L. *Assertiveness Training for Women*. Audio cassette. New York: BMA Audio Cassettes, 1977.

*————. *What to Do When He Has a Headache*. New York: Hyperion, 1992.

*————. *Overcoming Low Frustration Tolerance*. Video cassette. New York: Institute for Rational Emotive Therapy, 1993.

Wolpe, J. *The Practice of Behavior Therapy*, 4th ed. Needham Heights, Massachusetts: Allyn and Bacon, 1990.

Xenakis, J. L. *Epictetus: Philosopher–Therapist*. The Hague, Netherlands: Martinus Nijhoff, 1969.

Yankura, J., and Dryden, W. *Doing RET: Albert Ellis in Action*. New York: Springer, 1990.

————. *Albert Ellis*. Thousand Oaks, California: Sage, 1994.

————. *Special Applications of REBT*. New York: Springer, 1997a.

————. *Using REBT With Common Psychological Disorders*. New York: Springer, 1997b.

*Young, H. S. *A Rational Counseling Primer*. New York: Institute for Rational-Emotive Therapy, 1974.

*Zilbergeld, B. *The New Male Sexuality*. New York: Bantam, 1992.

讓自己不再焦慮

作　　者	亞伯‧艾里斯（Albert Ellis）
譯　　者	李祐寧
主　　編	呂佳昀

總 編 輯	李映慧
執 行 長	陳旭華（steve@bookrep.com.tw）

社　　長	郭重興
發 行 人	曾大福
出　　版	大牌出版 / 遠足文化事業股份有限公司
發　　行	遠足文化事業股份有限公司
地　　址	23141 新北市新店區民權路 108-2 號 9 樓
電　　話	+886-2-2218-1417
傳　　真	+886-2-8667-1851

封面設計	虎稿－薛偉成
排　　版	新鑫電腦排版工作室
印　　製	成陽印刷股份有限公司
法律顧問	華洋法律事務所　蘇文生律師

定　　價	480 元
初　　版	2023 年 6 月

HOW TO CONTROL YOUR ANXIETY BEFORE IT CONTROLS YOU by
ALBERT ELLIS, PH.D.
Copyright: © 1990 by ALBERT ELLIS INSTITUTE; Foreword copyright © 2016
by ALBERT ELLIS INSTITUTE
This edition arranged with KENSINGTON PUBLISHING CORP
through BIG APPLE AGENCY, INC., LABUAN, MALAYSIA.
Traditional Chinese edition copyright:
2023 STREAMER PUBLISHING, AN IMPRINT OF WALKERS CULTURAL
CO., LTD.
All rights reserved.

電子書 E-ISBN
ISBN：9786267305263（EPUB）
ISBN：9786267305256（PDF）
國家圖書館出版品預行編目資料

讓自己不再焦慮 / 亞伯‧艾里斯 (Albert Ellis) 作；李祐寧 譯. -- 初版. --
新北市：大牌出版，遠足文化發行, 2023.06
368 面 ;14.8×21 公分
譯自：How to control your anxiety before it controls you.
ISBN 978-626-7305-27-0 (平裝)
1. CST: 焦慮　2. CST: 情緒管理

176.527　　　　　　　　　　　　　　　　　112006671